모빌리티를
혁신하는
인공지능

모빌리티인문학 Mobility Humanities

모빌리티인문학은 기차, 자동차, 비행기, 인터넷, 모바일 기기 등 모빌리티 테크놀로지의 발전에 따른 인간, 사물, 관계의 실재적·가상적 이동을 인간과 테크놀로지의 공-진화co-evolution라는 관점에서 사유하고, 모빌리티가 고도화됨에 따라 발생하는 현재와 미래의 문제들에 대한 해법을 인문학적 관점에서 제안함으로써 생명, 사유, 문화가 생동하는 인문-모빌리티 사회 형성에 기여하는 학문이다.

모빌리티는 기차, 자동차, 비행기, 인터넷, 모바일 기기 같은 모빌리티 테크놀로지에 기초한 사람, 사물, 정보의 이동과 이를 가능하게 하는 테크놀로지를 의미한다. 그리고 이에 수반하는 것으로서 공간(도시) 구성과 인구 배치의 변화, 노동과 자본의 변형, 권력 또는 통치성의 변용 등을 통칭하는 사회적 관계의 이동까지도 포함한다.

오늘날 모빌리티 테크놀로지는 인간, 사물, 관계의 이동에 시간적·공간적 제약을 거의 남겨 두지 않을 정도로 발전해 왔다. 개별 국가와 지역을 연결하는 항공로와 무선통신망의 구축은 사람, 물류, 데이터의 무제약적 이동 가능성을 증명하는 물질적 지표들이다. 특히 전 세계에 무료 인터넷을 보급하겠다는 구글Google의 프로젝트 룬Project Loon이 현실화되고 우주 유영과 화성 식민지 건설이 본격화될 경우 모빌리티는 지구라는 행성의 경계까지도 초월하게 될 것이다. 이 점에서 오늘날은 모빌리티 테크놀로지가 인간의 삶을 위한 단순한 조건이나 수단이 아닌 인간의 또 다른 본성이 된 시대, 즉 고-모빌리티high-mobilities 시대라고 말할 수 있다. 말하자면, 인간과 테크놀로지의 상호보완적·상호구성적 공-진화가 고도화된 시대인 것이다.

고-모빌리티 시대를 사유하기 위해서는 우선 과거 '영토'와 '정주' 중심 사유의 극복이 필요하다. 지난 시기 글로컬화, 탈중심화, 혼종화, 탈영토화, 액체화에 내한 주장은 글로벌과 로컬, 중심과 주변, 동질성과 이질성, 질서와 혼돈 같은 이분법에 기초한 영토주의 또는 정주주의 패러다임을 극복하려는 중요한 시도였다. 하지만 그 역시 모빌리티 테크놀로지의 의의를 적극적으로 사유하지 못했다는 점에서, 그와 동시에 모빌리티 테크놀로지를 단순한 수단으로 간주했다는 점에서 고-모빌리티 시대를 사유하는 데 한계를 지니고 있었다. 말하자면, 글로컬화, 탈중심화, 혼종화, 탈영토화, 액체화를 추동하는 실재적·물질적 행위자agency로서의 모빌리티 테크놀로지를 인문학적 사유의 대상으로서 충분히 고려하지 못했던 것이다. 게다가 첨단 웨어러블 기기에 의한 인간의 능력 향상과 인간과 기계의 경계 소멸을 추구하는 포스트-휴먼 프로젝트, 또한 사물인터넷과 사이버 물리 시스템 같은 첨단 모빌리티 테크놀로지에 기초한 스마트시티 건설은 오늘날 모빌리티 테크놀로지를 인간과 사회, 심지어는 자연의 본질적 요소로 만들고 있다. 이를 사유하기 위해서는 인문학 패러다임의 근본적 전환이 필요하다.

이에 건국대학교 모빌리티인문학 연구원은 '모빌리티' 개념으로 '영토'와 '정주'를 대체하는 동시에, 인간과 모빌리티 테크놀로지의 공-진화라는 관점에서 미래 세계를 설계할 사유 패러다임을 정립하려고 한다.

E17
bility
nanities
agement

미래 사회를 향한 기술 여정

김효주 지음

모빌리티를 혁신하는 인공지능

앨피

이 저서는 2018년 대한민국 교육부와 한국연구재단의 지원을 받아 수행된 연구임 (NRF-2018S1A6A3A030 43497)

그림 0-1 인공지능과 모빌리티

최근 몇 년 사이 이루어진 급격한 변화의 중심에 인공지능이 있다. 인공지능은 단순한 기술적 진보를 넘어, 우리 사회의 근본적인 변화를 이끌고 있다. 2022년 11월 생성형 인공지능generative AI 챗봇 '챗GPTChatGPT'가 세상에 나온 이후, 인공지능 기술의 영향력은 그 어느 때보다 강력해졌다. 2024년 CES(세계가전전시회)[*] 에서는 로봇 · 모빌리티 · 스마트홈 · 헬스케어 · ESG 등 다양한 산업에서 인공지능이 기반 기술로 적용되며 혁신을 주도했다.

이러한 '인공지능 트랜스포메이션'은 우리 개개인의 일상에도 급속도로 깊숙이 스며들어 일하는 방식을 재정의하고 있다. 오픈AIOpenAI의 챗GPT는 이메일이나 보고서를 자동으로 작성하

---

[*] CESConsumer Electronics Show는 매년 1월 라스베이거스에서 개최되는 세계 최대의 전자제품 및 기술 전시회다. 혁신적인 제품과 신기술이 발표되고, 다양한 분야의 기업들이 참가하여 최신 트렌드를 소개한다.

고, 회의 내용을 요약하여 회의록을 생성할 수 있다. 또한 오픈 AI의 '달리DALL·E'는 텍스트 설명을 기반으로 이미지를 생성하여, 그림 그리기와 거리가 먼 사람들도 멋진 그림을 그릴 수 있게 해준다. 더 나아가, 그래픽디자이너와 예술가들은 달리를 이용해 창작 활동에 영감을 얻거나 시각적 콘셉트를 빠르게 구체화할 수 있다.

이러한 인공지능의 긍정적인 효과는 실제 데이터로 입증되었다. 미국 스탠퍼드대 인간중심 AI 연구소(HAI)가 발표한《2024 AI INDEX 보고서》[2]에 따르면, 2023년 인공지능은 근로자의 생산성과 작업 품질을 실질적으로 향상시킨 것으로 나타났다. 뿐만 아니라 인공지능은 과학적 진보를 가속화하는 데 중요한 역할을 하고 있다. 2023년에 출시된 '알파데브AlphaDev'와 '그놈 GNoME' 같은 인공지능 시스템은 각각 알고리즘 효율화와 신소재 발견을 통해 과학 연구의 속도와 정확성을 크게 높였다.

그러나 인공지능은 여전히 대회 수준의 고난도 수학, 시각적 상식 추론 및 계획 같은 복잡한 작업에서는 인간을 따라잡지 못하고 있다. 게다가 오픈AI의 GPT-4 모델은 훈련에 약 7,800만 달러 상당의 컴퓨팅 자원을 사용했고, 구글의 제미나이 울트라 Gemini Ultra 모델에는 1억 9,100만 달러가 투입되었다고 한다.

미국 뉴욕대 교수이자 메타Meta의 부사장인 얀 르쿤Yann Lecun은 GPT-4와 같은 대형 언어 모델Large Language Model(이하 LLM)에 대해 "진짜 추론이나 계획을 할 수 없다"고 지적했다. 그러면서 2024년 3월 뉴욕대 마음·뇌·의식 센터NYU Center for Mind, Brain, and Consciousness에서 열린 토론에서 "자동-회귀Auto-Regressive 생성 모델은 형편없다"고 비판했다.[3] GPT-4와 같은 자동-회귀 LLM (AR-LLM)은 각 토큰(예: 단어)을 순차적으로 예측하여 생성하는데, 이 과정에서 각 토큰이 이전 토큰에 의존하기 때문에 오류 확률이 누적될 수 있다. 즉, 문장이 길어질수록 누적된 오류로 인해 정확성이 떨어질 가능성이 높아진다. 이러한 이유로 인해 환각hallucination 현상이 발생하기도 한다.

이렇게 기술적으로 논란이 있음에도 불구하고 생성형 인공지능에 대한 기대는 높다. 《2024 AI INDEX 보고서》에 따르면,

---

예를 들면, 각 토큰의 정확도가 0.9일 때 이 토큰이 5개로 구성된 문장을 형성한다면, 전체 문장의 정확도는 0.9^5로 계산되어 약 59퍼센트에 불과하다. 이러한 근본적인 한계로 인해 얀 르쿤은 LLM이 AGI(범용 인공지능)에 도달할 수 없다고 주장했다. 그는 AGI에 도달하기 위해서는 '감각 그라운딩sensory grounding'을 포함한 새로운 모델이 필요하다고 언급했다. '감각 그라운딩'이란 인공지능이 실제 세계의 물리적 감각 정보를 이해하고 해석할 수 있는 방법을 뜻한다.

환각이란 사실처럼 보이지만 실제로 존재하지 않거나 잘못된 정보를 포함한, 인공지능이 생성한 응답을 의미한다.

2023년 인공지능 분야에 대한 민간투자는 감소했으나 생성형 인공지능에 대한 자금 지원은 2022년 대비 거의 8배 급증했다. 사실 챗GPT는 아이디어를 발굴하거나 정답이 정해지지 않은 문제를 해결할 때 인턴이나 비서 역할을 수행할 수 있을지도 모른다. 결국, 어떻게 활용하느냐에 달려 있다.

모빌리티 분야에서도 인공지능과의 결합을 통해 혁신적인 서비스를 창출하고 있다. 《2024 AI INDEX 보고서》는 인공지능이 이미지 분류, 시각적 추론, 영어 이해 등 여러 벤치마크에서 인간의 성과를 능가했다고 밝혔다. 자율주행차의 가장 기본이 되는 중요한 인공지능 기술이 '컴퓨터 비전'*임을 생각하면 이는 긍정적인 소식으로 여겨질 수 있다. 그러나 벤치마크의 맹점⁑을 인지하면 이러한 성과에 대해 의구심이 제기될 수 있다.

이 책은 인공지능과 모빌리티 시대에 대한 개괄적인 이해를 제공하기 위해 기술적 기반과 영향을 탐구한다. 복잡한 기술 세계를 기본 수준에서 이해하고, 균형 잡힌 시각으로 미래를 바라

---

* 참고로, 컴퓨터 비전의 가장 기본이 되는 'CNN(합성곱 신경망)' 모델은 얀 르쿤이 개발하였다.
⁑ 실제 환경은 예측 불가능한 다양한 변수들로 가득 차 있다. 벤치마크 테스트는 이러한 현실 세계의 복잡성을 모두 반영하지 못할 수 있다.

볼 수 있도록 돕는 것이 이 책의 목표이다. 변화의 시대에 우리는 어떤 선택을 해야 할까? 그 선택이 우리 사회와 미래 세대에 미칠 영향은 무엇일까? 이 책은 이 질문들에 대한 답을 찾아 가는 여정이다. 다루는 내용이 광범위하지만, 이러한 변화를 이해하고 준비할 수 있는 기초를 제공하고자 한다.

인공지능과 모빌리티 기술의 발전은 우리의 삶을 더욱 편리하고 효율적으로 만들 것이다. 에너지 효율을 높이고, 새로운 형태의 서비스와 일자리를 창출할 수 있다. 또한, 고령자와 장애인의 이동성을 높여 더 포용적인 사회를 만드는 데 기여할 수 있다. 그러나 이러한 변화가 가져올 수 있는 부작용과 위험도 경계해야 한다. 기술의 발전이 불평등을 심화시키거나 개인의 자유와 프라이버시를 침해하지 않을까? 인공지능이 내린 의사결정이 편향되거나 차별적이지 않을까? 자율주행차의 윤리적 딜레마는 어떻게 해결할 것일까? 이 책은 이러한 질문들에 대해 다양한 관점을 제시한다.

우리는 기술 발전이 인간의 가치와 존엄성을 훼손하지 않으면서도 사회의 발전을 이끌 방안을 모색해야 한다. 이를 위해서는 기술에 대한 이해와 함께 인문학적 소양 및 윤리적 판단력이 필요하다. 기술은 결국 인간을 위한 것이어야 한다. 인공지능과 모빌리티가 가져올 변화의 중심에는 항상 인간이 있어야 한다. 우리는 기술을 어떻게 활용할 것인지, 어떤 가치를 추구할 것인지 끊임없이 고민하고 선택해야 한다.

이 책은 인공지능과 모빌리티 기술의 개념, 다양한 활용 사례, 그리고 사회적 영향을 다룬다. 이를 통해 독자들에게 최첨단 기술 분야에 대한 폭넓은 시각을 제공하고자 한다.

1장에서는 인공지능과 모빌리티의 기본 개념을 소개한다. 인공지능의 정의와 기술 트렌드, 모빌리티의 개념과 기술 활용 사례를 다룬다.

2장에서는 인공지능의 핵심 기술인 빅데이터, 머신러닝, 딥러닝을 탐구한다. 데이터의 중요성과 딥러닝의 원리를 알아보고, 자연어 처리 · 컴퓨터 비전 · 음성 처리 등 주요 기술 개념을 살펴본다.

3장은 디지털 트랜스포메이션에 초점을 맞추었다. 디지털 트랜스포메이션의 개념과 다양한 분야에서의 성공적인 혁신 사례를 살펴봄으로써, 디지털 혁신의 중요성을 확인한다.

4장은 모빌리티와 인공지능의 융합을 대표하는 자율주행차의 작동 원리와 주요 인공지능 기술을 분석한다.

5장에서는 인공지능과 모빌리티의 상호작용이 사회에 미치는 영향을 조명한다. 사회경제적·환경적·윤리적 측면에서의 영향을 분석하고, 인공지능 윤리 및 법제 현황을 짚어 본다.

에필로그에서는 기술혁신이 가져올 미래 사회를 전망한다. 인간 중심의 기술, 리터러시, 인문학의 중요성을 강조하며, 인간 중심의 가치에 대한 고찰을 제시한다.

참고로, 책에 포함된 대부분의 그림과 그래프는 챗GPT(달리 DALL·E)를 통해 생성되었고, 일부는 이를 바탕으로 재가공한 것이다. 이러한 시각적 자료를 통해 독자들은 '인공지능 챗봇의 능력'을 직접 경험할 수 있다.

이 책이 인공지능과 모빌리티 기술이 가져올 미래를 이해하고, 그 속에서 자신의 역할을 찾는 데 유용한 안내서가 되기를 바란다. 우리가 만들어 갈 미래는 기술과 인간이 조화롭게 공존하며, 삶의 질이 향상되는 세상이 되어야 한다. 또한, 이 책을 통해 최첨단 기술의 세계에 눈을 뜬 독자들이 지속적으로 기술에 관심을 가지고 지식을 업데이트하기를 기대한다. 기술의 발전은 피할 수 없는 흐름이며, 우리의 일상과 긴밀하게 연결되어 있기 때문이다.

이제 새로운 여정을 시작한다. 인공지능과 모빌리티가 만들어 갈 미래로의 여정에서 많은 도전과 기회를 만나게 될 것이다. 그 과정에서 기술은 단지 수단일 뿐, 그 목적은 인간의 행복과 사회의 발전이라는 점을 잊지 말아야 한다. 이 책이 그 여정의 나침반이 되기를 바라며, 함께 미래를 꿈꾸고, 함께 그 미래를 만들어 갈 독자 여러분을 초대한다. 우리가 만들어 갈 미래는 어떤 모습일까? 그 답을 찾는 여정을 지금 시작해 보자.

1장

인공지능과
모빌리티의 시대

기계가 생각할 수 있는지에 대한 질문은

잠수함이 수영할 수 있는지에 대한 질문만큼이나

중요하지 않다.

The question of whether Machines Can Think...
is about as relevant as the question of whether Submarines Can Swim.

_ 에드저 W. 다익스트라Edsger W. Dijkstra

인공지능의 정의와 기술 트렌드

지능

　　　　　　　광범위한 개념으로서의 **지능**이란, 정보를 이해하고, 학습하며, 새로운 상황에 적응하고, 문제를 해결하는 능력을 포함한다. 예를 들어, 학생이 수학 문제를 풀면서 처음 보는 유형의 문제를 접했을 때, 이전에 배운 지식을 적용하거나 새로운 접근 방식을 배우며 해결책을 찾는 것이 지능을 활용하는 방법 중 하나이다. 또한 요리를 하다가 재료가 부족하다는 것을 알았을 때, 가지고 있는 다른 재료로 대체하는 방법을 생각해 내는 것도 지능적인 활동이다.

　미국의 심리학자이자 교육학자인 하워드 가드너Howard Earl Gardner가 제시한 다중지능이론multiple intelligences theory에 따르면, 지능은 단일한 개념이 아니라 언어 지능, 논리-수학적 지능, 공간 지능, 음악적 지능, 신체-운동적 지능, 대인관계 지능, 자기이해 지능, 자연 탐구 지능 등 여러 가지로 나뉜다.[1] 가드너의 다중지능이론은 기존의 전통적인 지능 개념을 확장시키는 데 중요한 기여를 했다. 이러한 다양한 지능 개념은 사람들이 각기 다른 방식으로 지능을 표현하고 발휘할 수 있음을 인정하게 한다.

사실 지능의 정의는 다면적이며 다양한 분야에서 다르게 정의될 수 있지만, 보통 지능은 인식, 학습, 추론, 이해, 문제 해결, 추상화, 창의성 등의 능력을 포함한다.

인공지능

널리 알려진 개념으로서의 **인공지능**Artificial Intelligence: AI은 '컴퓨터나 다른 기계의 지능'을 뜻한다. 그러나 인공지능은 '지능적인 기계를 개발하고 연구하는 컴퓨터공학의 학문 분야'를 의미하기도 하며, '기계' 그 자체를 가리키기도 한다. 지능의 정의가 다양한 것처럼, 인공지능도 다양한 학문적 관점에 따라 여러 연구자들에 의해 정의되어 왔다.

앨런 튜링 Alan Turing은 1950년 논문 〈컴퓨팅 기계와 지능Computing Machinery and Intelligence〉[2]에서 인공지능을 평가하기 위한 튜링 테스트Turing Test를 제안했다. 이는 사람이 블라인드 상태에서 컴퓨터와 대화하면서 상대가 사람인지 컴퓨터인지 구별할 수 없다면,

그림 1-1 앨런 튜링

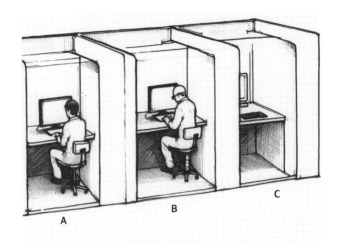

그림 1-2 튜링 테스트. 조사관interrogator인 플레이어 B가 플레이어 A와 C 중 어느 쪽이 사람이고 어느 쪽이 컴퓨터인지 구별할 수 없을 때, 그 컴퓨터는 테스트를 통과한 것으로 간주한다. 이때 모든 대화는 텍스트로만 이루어진다.

그 컴퓨터를 지능이 있는 것으로 간주하는 개념이다. 이 실험은 큰 영향력을 발휘했지만 동시에 폭넓은 비판을 받았다.

'인공지능Artificial Intelligence'이라는 용어는 1956년 **다트머스 워크숍**에서 처음 등장하였다. 이 워크숍에서, 당시 다트머스대학의 조교수였던 **존 매카시**John McCarthy*가 '사이버네틱스cybernetics', '오토마

* 미국의 컴퓨터과학자이자 인지과학자였던 존 매카시는 2004년 인공지능을 '지능

타automata 이론' 등의 용어 대신 '인공지능'이라는 명칭을 선택하면서 해당 학문 분야가 창설되었다. 매카시는 마빈 민스키Marvin L. Minsky, 너새니얼 로체스터Nathaniel Rochester, 그리고 클로드 섀넌Claude E. Shannon과 함께 인공지능 연구 프로젝트를 제안하였다.

이 연구는, 학습의 모든 측면이나 지능의 다른 모든 특징이 원칙적으로 매우 정확하게 설명되어, 이를 시뮬레이션하는 기계를 만들 수 있다는 가정에 기반을 두고 진행된다. 기계가 어떻게 언어를 사용하고, 추상과 개념을 형성하며, 현재 인간에게만 한정된 문제들을 해결하고, 스스로를 개선할 수 있는지를 연구하려는 시도이다. 엄선된 과학자 그룹이 여름 동안 함께 연구한다면 이 중 하나 이상의 문제에서 상당한 진전을 이룰 수 있을 것으로 기대된다.[3]

다트머스 워크숍 참석자 중 한 명인 **허버트 사이먼**Herbert A. Simon*은

적인 기계, 특히 지능적인 컴퓨터 프로그램을 만드는 과학이자 공학'으로 정의하였다.

* 컴퓨터과학과 경제학, 인지심리학 등 다양한 학문 분야에 영향을 미친 미국의 정치과학자 허버트 사이먼은 1957년 컴퓨터 체스가 10년 내에 인간의 체스 능력을 능가할 것이라고 예측했다. 실제로는 1997년 IBM이 만든 딥 블루Deep Blue

인공지능을 '인간의 사고 과정을 모방하여 기계가 문제를 해결하고 학습할 수 있게 하는 연구 분야'로 정의했다. 그의 정의는 인간의 인지 과정을 기계적으로 재현하는 데 중점을 두었다.

스튜어트 러셀 Stuart J. Russell과 **피터 노빅**Peter Norvig이 공동 저술한 《인공지능: 현대적인 접근Artificial Intelligence: A Modern Approach》에서는 인공지능을 '환경에서 인지perception한 정보를 바탕으로 동작을 수행하는 에이전트agent[*]의 연구'로 정의한다. 또한, 이 책은 인공지능에 대한 접근 방식을 다음의 네 가지로 구분한다: 인간처럼 생각하는 시스템, 인간처럼 행동하는 시스템, 합리적으로 사고하는 시스템, 합리적으로 행동하는 시스템. 예를 들어, 튜링 테스트는 인간처럼 행동하는 시스템에 해당되는데, 이에 대해 책에서는 다음과 같이 비평하고 있다.

인공 비행이라는 과제는 공학자들과 발명가들이 새를 모방하는 것에서 벗어나 풍동風洞을 활용하고 공기역학을 연구하기 시

가 당시 세계 체스 챔피언인 가리 카스파로프Garry Kasparov를 이겼다. 1965년 사이먼은 "20년 안에 기계가 사람이 할 수 있는 모든 일을 할 수 있게 될 것"이라고 예측했다.

[*] 이 책에서는 에이전트를 "뭔가를 수행하는 어떤 것"이라고 정의한다.

작했을 때 비로소 완수되었다. 공기역학 교과서에는 '다른 비둘기들이 속을 정도로 비둘기처럼 날아다니는 기계를 만드는 것'이 그 분야의 목표리고는 쓰여 있지 않다.[4]

그림 1-3 공기역학의 원리를 활용하여 하늘을 나는 비행기

이처럼 인공지능의 정의는 연구와 응용 범위가 다양한 분야로 확대되면서 여러 관점에서 정의되어 왔다. 특히 최근 몇 년 동안 인공지능의 급속한 성장으로 인해 윤리적 및 사회적 문제가 부각되면서, '법적 고려 사항을 위한 인공지능의 정의'도 중요한 논의 주제가 되었다.

EU 「**인공지능법**EU AI Act」은 '인공지능 시스템'을 다음과 같이 정의하고 있다.

'인공지능 시스템'이란 다양한 수준의 자율성으로 작동하도록 설계된 기계 기반 시스템으로, 배포 후 적응성을 보일 수 있으며, 명시적 또는 암묵적 목표를 위해 수신된 입력에서 예측, 콘텐츠, 추천, 결정과 같은 출력을 생성하는 방법을 추론하는 시스템을 말한다. 이 출력은 물리적 환경 또는 가상 환경에 영향을 미칠 수 있다."[5]

법적 고려 사항에 기반한 인공지능의 정의는, 기술 발전에 따른 다양한 문제들을 예방하고 책임 있는 기술 개발을 촉진하는 데 중요한 역할을 한다. 이는 인공지능의 윤리적 및 사회적 책임을 강조하며, 안전하고 신뢰할 수 있는 기술 환경을 구축하는 데 필수적이다. 인공지능의 정의와 관련된 논의는 기술이 발전함에 따라 지속적으로 변화하고 발전할 것으로 예상된다.

원문은 다음과 같다. "'AI system' means a machine-based system that is designed to operate with varying levels of autonomy and that may exhibit adaptiveness after deployment, and that, for explicit or implicit objectives, infers, from the input it receives, how to generate outputs such as predictions, content, recommendations, or decisions that can influence physical or virtual environments."

2021년 기준 EU 「인공지능법」 초안은 다음과 같다. "인공지능 시스템은 〈부록 I〉에 나열된 기술과 접근 방식 중 하나 이상을 사용하여 개발된 소프트웨어를 의미하며, 인간이 정의한 일련의 목표를 위해, 콘텐츠, 예측, 추천, 결정과 같은 출력을 생성할 수 있다. 이 출력은 상호작용하는 환경에 영향을 미칠 수 있다." '〈부록 I〉에 나열된 기술과 접근 방식'은 다음과 같다. ⓐ 딥러닝을 포함한 다양한 방법을 사용하는 지도학습, 비지도학습, 강화학습을 포함한 기계학습 접근 방식 ⓑ 지식 표현, 귀납적(논리적) 프로그래밍, 지식 기반, 추론 및 연역적 엔진, (기호적) 추론 및 전문가 시스템을 포함한 논리 및 지식 기반 접근 방식 ⓒ 통계적 접근 방식, 베이지안 추정, 검색 및 최적화 방법.

인공지능 기술
트렌드

최근 몇 년 사이 가장 주목받고 있는 인공지능 기술은 **생성형 인공지능**이다.

그림 1-4는 챗GPT(GPT-4o)를 사용하여 생성한 이미지다. 이 그림에 어울리는 시도 작성해 달라고 요청하자, 아래와 같이 '얼핏 보면 그럴듯하지만 내용이 일관되지 않은 듯한' 시를 지어 주었다.

하늘을 흐르는 강물,

빛나는 잎사귀 나무,

녹아내리는 시계는 시간의 흐름을 막지 못하네.

구름 속 성은 꿈의 집,

날아다니는 물고기는 자유의 상징.

떠다니는 섬마다 이야기가 깃들고,

환상의 세계가 펼쳐지네.

이곳은 현실과 상상의 경계,

무한한 가능성의 땅.

그림 1-4 챗GPT에게 "매우 창의적인 이미지를 생성하라"고 했을 때 나온 결과물

여기서 시간은 멈추고,

모든 것이 가능한 세상.

꿈꾸는 마음으로 떠나가리라,

이 신비로운 풍경 속으로.

생성형 인공지능은 새로운 텍스트, 이미지, 동영상 등의 데이터를 생성할 수 있는 일종의 인공지능 기술 혹은 모델model*을 의미한다. 오픈AI의 챗GPT, 마이크로소프트MS의 코파일럿Copilot, 구글의 제미나이Gemini, 메타의 라마Llama 등이 대표적인 생성형 인공지능 챗봇이다. 이러한 챗봇으로 다양한 주제와 관련된 정보나 새로운 아이디어를 얻을 수 있으며 다국어 번역, 보고서·이메일 작성은 물론 시나 가사, 이미지 등과 같은 창작물 작성에도 도움을 받을 수 있다. 물론 잘못된 답변(환각)을 하는 경우도 종종 있어 이를 검증하는 것은 사용자의 책임이지만, 모델의 버전 업그레이드를 통해 문제가 점차 개선되고 있다.

---

* 모델은 데이터를 학습하여 특정 작업을 수행하거나 예측하는 알고리즘 또는 수학적 구조를 의미한다.

2023년 3월 마이크로소프트 공동창업자 빌 게이츠는 챗GPT 기술 시연을 보고 윈도우Windows의 그래픽 사용자 인터페이스 (GUI) 이후 가장 중요한 기술 발전을 목격했다고 말했다. 또한 인공지능이 휴대폰이나 인터넷만큼 혁명적이라고 하였다.

인공지능은 사람들이 일하고, 배우고, 여행하고, 건강관리를 받고, 서로 소통하는 방식을 바꿀 것이다. 전체 산업이 이를 중심으로 방향을 바꿀 것이다. 기업은 이를 얼마나 잘 사용하는지에 따라 차별화될 것이다.[6]

2024년 3월 마이크로소프트는 '오피스 365'에 코파일럿 기능을 추가했다. 이 기능은 워드, 엑셀, 파워포인트 등의 프로그램에서 문서 작성, 데이터분석, 프레젠테이션 제작을 자동으로 도와준다. 이를 통해 사용자들은 반복적이고 시간이 많이 소요되는 작업에서 벗어나 더 창의적인 일에 집중할 수 있게 되었다. 마치 개인 비서('그러나 환각 때문에, 역량을 종잡을 수 없는 인턴 같은')를 곁에 둔 듯한 편리함을 누릴 수 있다.

이러한 생성형 인공지능 외에도 다양한 인공지능 기술이 여러 산업 분야에 활용되고 있다. 각 산업별 대표적인 인공지능 기술 활용 사례를 살펴보면 다음과 같다.

금융 분야에서는 인공지능 기술을 활용하여 금융 거래 데이터에서 비정상적인 패턴을 감지하고 사기를 탐지할 수 있다. '사기 탐지 시스템'Fraud Detection System'(이하 FDS)(이상거래 탐지 시스템)은 과거의 거래 데이터를 학습하고 분석하여 새로운 거래에서 비정상적인 활동을 실시간으로 모니터링하고, 의심스러운 거래가 탐지되면 즉시 차단이나 경고 등을 취한다.

기존에는 규칙 기반 접근법과 통계적 기법을 사용하여 일정 수준의 사기 탐지가 가능했으나, 패턴 인식과 적응력이 제한적이었다. 현재는 인공지능의 발전으로 더 정교하고 적응력 있는 FDS가 개발되고 있다. 예를 들어, HSBC는 결제 보안과 사기 방지를 위해 인공지능 기술을 적극적으로 활용하고 있다. HSBC의 인공지능 시스템은 방대한 거래 데이터를 분석하여 복잡한 사기 패턴을 식별하고 이상 징후를 감지한다. 이를 통해 무단 거래를 미리 방지하여 자사의 평판과 고객의 자산을 보호할 수 있다. 이외에도 금융기관은 신용 평가, 대출 심사, 위험 관리, 트레이딩 분야에서 인공지능을 활용하여 효율성을 높이고 있다.

의료healthcare 분야에서는 인공지능이 의료 영상 분석, 전자 건강 기록Electronic Health Records(이하 EHR) 분석, 암 연구 등에 활용되어 의료 전문가들에게 도움을 줄 수 있다.

의료 영상 분석에서 인공지능은 주로 딥러닝 알고리즘을 사용하여 방대한 양의 의료 이미지를 분석하고, 질병을 조기에 발견하며, 진단의 정확성을 높이는 데 기여한다. 인공지능은 단순방사선촬영X-ray, 컴퓨터단층촬영CT, 자기공명영상검사MRI 스캔 등의 영상으로 암, 뇌졸중, 폐질환 등 다양한 질병을 식별할 수 있다.

인공지능 기반의 의료 소프트웨어 기기 멘델스캔MendelScan은 EHR을 스캔하여, 진단 소견은 부족하지만 희귀 질환에 걸릴 확률이 높은 환자를 찾아낸다. 이 도구는 알고리즘을 사용해 임상환경에서 흔히 간과되는 징후와 증상의 패턴을 찾아낸다. 이를 통해 진단 시간을 단축하고 환자의 치료 접근성을 향상시키며, 의료 시스템의 비용을 절감할 수 있다.

다양한 기술을 결합하여 고객의 구매 이력, 검색 기록, 선호도 데이터 등을 분석하여 맞춤형 제품이나 콘텐츠를 추천하는 추천시스템은 소매업에서 활발하게 활용되고 있다.

소매업의 대표 기업 중 하나인 월마트는 인공지능을 활용해 고

객 맞춤형 추천 시스템을 구현하
여 고객 경험을 향상시키고 운영
효율성을 높이고 있다. 월마트
는 온라인 식료품 주문 시 재고
가 없는 상품에 대해 최적의 대
체 상품을 제안하는 시스템을 도
입했다. 이는 실시간으로 고객의
선호도와 현재 재고 상태를 반영

그림 1-5 유니콘 테마 생일 파티 준비물

한다. 고객의 승인을 요청하고 피드백을 받아 알고리즘을 지속
적으로 개선한 결과, 이후 대체 상품 수락률을 95퍼센트 이상으
로 끌어올렸다.[7] 최근에는 생성형 인공지능을 활용하여 고객 맞
춤형 추천 시스템을 운영하고 있다. 예를 들어, 고객이 '딸을 위
한 유니콘 테마 생일 파티 준비'를 요청하면, 인공지능은 풍선·
컵·장식 등과 같은 관련 상품을 추천할 수 있다.[8]

제조업에서는 인공지능으로 기계와 공정 데이터를 모니터링하
고 분석하여, 고장이 발생하기 전에 문제를 예측할 수 있다. 예
측 유지보수predictive maintenance는 과거의 데이터와 실시간 데이터
를 인공지능 알고리즘으로 분석하여 장비의 고장 가능성을 예측

그림 1-6 제조업의 예측 유지보수

하고, 필요한 조치를 사전에 취할 수 있도록 한다.

지멘스Siemens의 '센스아이 예측 유지보수Senseye Predictive Maintenance' 솔루션은 인공지능을 활용하여 장비 상태를 실시간으로 모니터링하고 분석한다. 이 솔루션은 사물인터넷Internet of Things: IoT 센서로부터 데이터를 수집하고, 이를 인공지능 알고리즘을 통해 분석하여 잠재적인 고장을 사전에 예측하고 예방한다. 이를 통해 유지보수 비용을 절감하고 운영 효율성을 높일 수 있다.

로보틱스Robotics(로봇공학) 분야에서 인공지능은 로봇이 환경을 인식하고, 복잡한 작업을 자동화하는 데 중요한 역할을 한다.

아마존의 물류센터는 인공지능 기반의 로봇을 활용하여 효율성을 극대화하고 있다. 로봇들은 상품을 분류하거나, 대형 카트를 옮기는 작업 등을 수행한다. 2014년 1천여 대였던 로봇 수는 2023년에는 75만 대로 증가했다. 로봇 기술 덕분에 아마존의 물류센터는 더 빠르고 효율적으로 운영되고 있다.

또한 로보틱스 시스템의 도입
은 작업장의 안전성을 크게 향상
시켰다. 2022년 자료에 따르면,
로보틱스를 사용하지 않은 곳보
다 로보틱스를 사용한 시설이 기
록 가능한 사고율Recordable Incident

Rates: RIR과 작업 손실 사고율Lost-
Time Incident Rates: LTIR[*]이 각각 15퍼

그림 1-7 아마존의 로봇

센트, 18퍼센트 낮아졌다.[9] 물리적으로 힘든 작업을 로봇이 대신
수행함으로써 작업자들의 부상을 줄이는 데 기여했다.

인공지능은 **농업** 분야에서 작물의 생장 상태를 모니터링하고,
병충해를 조기에 탐지하며, 작물 관리 및 수확 시기를 최적화하
는 데 중요한 역할을 한다. 정밀 농업precision agriculture은 다양한 기
술을 통합하여 농업생산성을 극대화하고 자원의 낭비를 최소화
하는 것을 목표로 한다. 이 기술에는 센서, GPS, 드론, 인공지능,

---

[*] LTI는 작업 중 발생한 사고나 부상으로 인해 직원이 작업을 일정 기간 동안 할 수
없게 되는 상황을 의미한다.

그림 1-8 디어 앤 컴퍼니의 인공지능 기반 무인 트랙터

데이터분석 등이 포함된다.

세계적인 농업 및 중장비 제조업체 존 디어John Deere(디어 앤 컴퍼니Deere & Company)는 센서, 소프트웨어, 데이터분석을 바탕으로 더 정확한 농업 방법을 제공함으로써 작물 수확량을 향상시키고 있다. 예를 들어, 정밀 파종, 정확한 비료 사용, 효율적인 수확 등과 관련된 기술을 개발하여 농업 활동을 최적화하고 있다.

또한, 이 회사는 자율주행이 가능한 트랙터와 다른 자율 기능을 갖춘 기계들을 생산하여 판매하고 있다. 존 디어는 2030년까지 파종부터 살포, 수확, 경작에 이르기까지 완전 자율생산 시스템을 갖추는 것을 목표로 하고 있다.

교육 기업들은 인공지능을 활용하여 학생들의 학습 스타일과 진도에 맞춘 개인화된 학습 경험을 제공하고 있다. 예를 들어, 학생의 학습 진도와 이해도를 분석하여 맞춤형 연습문제나 학습 자료를 제공할 수 있다.

듀오링고Duolingo는 사용자의 언어 학습을 게임화하여 재미있고 효과적인 학습 경험을 제공하는 언어 학습 앱이다. 듀오링고의 개인화 학습personalized learning 시스템은 인공지능을 활용하여 학습자의 능력과 학습 패턴에 맞춘 맞춤형 학습 경험을 제공한다.

2023년 듀오링고는 오픈AI의 GPT-4 기술을 통합하여 새로운 인터랙티브 기능을 추가했다. 예를 들어, 'Explain My Answer'(내 답변 설명) 기능은 학습자가 문제를 틀렸을 때 그 이유를 설명해 주며, 'Roleplay'(역할극) 기능은 실생활 시나리오에서 인공지능과 대화 연습을 할 수 있게 한다. 이러한 기능들은 학습자가 언어를 더 실용적이고 재미있게 배울 수 있도록 돕는다.

엔터테인먼트 산업에서 인공지능을 활용한 콘텐츠 생성은 영화, 음악, 게임, 애니메이션 등 여러 분야에서 혁신적인 변화를 가져오고 있다. 이러한 기술은 콘텐츠 제작의 효율성을 높이고 새로운 창작 가능성을 열어 준다.

콘텐츠 제작에 사용되는 생성형 인공지능 도구를 개발하는 기업 런웨이Runway는 텍스트나 이미지, 동영상 등을 입력하면 관련된 영상을 생성할 수 있는 모델을 제공하고 있다. 이 회사는 텍스트를 입력하면 이미지를 생성하는 모델인 스테이블 디퓨전

그림1-9 '우주선 안에서 날아다니는 고양이'라는 프롬프트에 대한 결과

Stable Diffusion을 공동 개발하기도 했다.

2022년 개봉한 영화 〈에브리씽 에브리웨어 올 앳 원스Everything Everywhere All At Once〉 제작에 런웨이의 인공지능 기술이 활용되었다. 인공지능 기술이 영화 제작에 어떻게 활용될 수 있는지를 잘 보여 주는 사례로, 이 영화는 다양한 인공지능 기술을 사용하여 독특하고 혁신적인 비주얼 효과를 만들어 냈다. 런웨이의 인공지능 도구는 특히 영상 생성과 편집에 활용되는데, 스테이블 디퓨전으로 고해상도 이미지 합성 등이 가능해져 영화 제작 팀이 짧은 시간에 더 높은 품질의 결과물을 얻을 수 있게 되었다.

위의 사례들은 인공지능 기술이 얼마나 다양한 방식으로 산업에 통합되고 있는지를 보여 준다. 인공지능 기술은 특정 산업의 요구 사항과 문제 해결에 맞춰져 있으며, 지속적인 발전을 통해 더욱 정교하고 효율적인 솔루션을 제공하기 위해 노력하고 있다. 인공지능의 발전은 새로운 응용 분야를 지속적으로 탐색하면서, 다양한 분야에서 혁신을 가속화하고 있다.

모빌리티의 현대적 변화와
기술 트렌드

모빌리티mobility는 일반적으로 이동성을 의미하는 용어로, 다양한 맥락에서 사용된다. 영국의 사회학자이자 모빌리티 패러다임 연구 분야의 선구자인 존 어리John Urry는 모빌리티를 다음과 같이 포괄적으로 접근하였다.

> 모빌리티는 사람, 아이디어, 사물 등이 사회적, 지리적 공간을 이동하는 과정이다.

그림 1-10 다양한 교통수단

이 정의는 물리적 이동뿐만 아니라 정보와 통신 기술을 통한 가상이동도 포함하며, 이동의 사회적, 경제적, 문화적 의미와 영향을 포괄한다. 이는 일상생활에서의 이동성과 사회적 관계, 그리고 기술적 변화와 밀접하게 연결된 다차원적 개념이다. 이 책에서는 현대 모빌리티 기술에 집중하여 최근 디지털 혁신으로 빠르게 발전하고 있는 모빌리티 기술과 그 사회적 영향에 중점을 두고 살펴볼 것이다.

현대사회의 모빌리티는 다음과 같은 특징을 가지고 있다.

첫째, 가장 두드러진 특징은 **첨단 기술의 융합**이다. 인공지능, 빅데이터, 사물인터넷 등의 기술이 전통적인 이동 수단에 접목되면서 스마트한 모빌리티 환경이 조성되고 있다. **전기차**Electric Vehicles: EV 와 **자율주행** 기술은 모빌리티 기술혁신의 대표적인 예이다.

전기차는 내연기관 대신 배터리에 저장된 전기를 동력으로 사용하여 주행하는 차량이다. 현재 전기차 시장은 테슬라와 비야디BYD 등의 제조업체들이 주도하고 있다. 글로벌 전기차 시장은

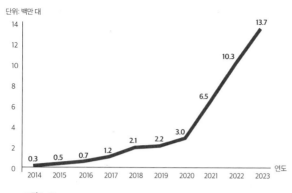

단위: 백만 대

그림1-11 연도별 글로벌 전기차 판매량(2014~2023) @IEA

급격히 성장 중이며, 많은 자동차 제조사들이 다양한 전기차 모델을 출시하고 있다. **그림 1-11**[10]에서 볼 수 있듯이, 전기차 판매는 증가 추세를 이어 가고 있으며, 이는 친환경적 이동성을 촉진한다. 유럽연합은 전기차 보급을 촉진하기 위해 '지속가능하고 스마트한 모빌리티 전략'[11]을 발표했고, 각국 정부도 전기차 인프라 구축과 인센티브 제공에 적극적이다. 이러한 전기차 보급의 확산에 따라 배터리 기술과 충전 인프라 발전도 필수적이다.

자율주행 기술도 인공지능과 빅데이터분석의 발전에 힘입어 빠르게 발전하고 있다. 자율주행 기술은 사람의 개입이 줄어들거나 전혀 없이 차량이 주행할 수 있는 기술을 의미한다. 현재 알파벳(구글)의 자회사인 웨이모Waymo, 테슬라, GM의 자회사인 크루즈Cruise, 모빌아이Mobileye, 엔비디아, 아마존의 자회사인 죽스Zoox 등이 자율주행 기술을 선도하고 있다. 자율주행차는 시간 절약, 비운전자의 이동 편의성, 환경보호, 비용 절감 등 다양한 이점을 제공할 수 있다.

둘째, **지속가능성**이다. 현대사회에서 지속가능성은 필수적인 요소로 자리 잡고 있다. 지속 가능한 이동 수단과 도시계획은 환경보호와 더불어 도시 생활의 품질을 높이는 데 중요한 역할을 한다. 전기차뿐만 아니라 하이브리드차, 수소자동차(수소 연료 전지차)등의 **친환경**차량도 배기가스 배출을 줄이고 에너지 효율성을 높이는 데 기여할 수 있다. 또한 자전거도로와 보행자 전용 도로의 확장도 자동차 중심의 교통 패러다임을 바꾸고, 더 나은 도시 환경을 만드는 데 중요한 역할을 할 수 있다. 지속 가능한 모빌리티는 탄소 배출을 줄이고, 자원을 효율적으로 사용하며, 환경보호와 경제적 효율성을 동시에 추구한다.

셋째, **공유경제의 확산**이다. 차량을 소유하지 않고 필요할 때

---

* 하이브리드차는 내연기관과 전기모터를 함께 사용하여 주행하며, 두 가지 동력원을 혼합하여 연료 효율성을 높이고 배출가스를 줄이는 차량이다.

‡ 수소자동차는 수소를 연료로 사용하여 수소와 산소의 전기화학 반응을 통해 전기를 생성하고, 이 전기를 동력으로 하여 주행하는 차량이다.

빌려 쓰는 공유 모빌리티 서비스는 차량의 이용률을 높이고, 개인 차량 소유의 필요성을 감소시켜 교통혼잡과 환경오염을 줄이는 데 기여할 수 있다. 서비스 사용자는 일반적으로 모바일 앱 등을 통해 쉽게 차량을 예약하고 이용할 수 있다.

카셰어링car sharing(차량 공유)은 여러 사용자가 하나의 자동차를 공유하는 서비스이다. 사용자는 필요할 때 자동차를 빌려 사용하고, 사용이 끝난 후에는 다른 사람이 사용할 수 있도록 반환한다(예: 짚카Zipcar, 쏘카).

라이드셰어링ride sharing(승차 공유)은 여러 승객이 비슷한 목적지로 가는 경우, 하나의 차량을 승차 공유하는 서비스이다. 보통 출퇴근 등에 사용된다(예: 우버Uber, 리프트Lyft).

라이드헤일링ride hailing(호출형 승차 공유)은 스마트폰 앱을 통해 운전기사와 차량을 호출하는 서비스이다. 이는 전통적인 택시 서비스와 유사하지만, 디지털 플랫폼을 기반으로 한다. 편리함과 접근성을 제공하지만, 전통적인 택시 산업에 영향을 미칠 수 있다(예: 우버, 리프트).

MaaS Mobility as a Service* 개념의 등장은 다양한 교통수단을 하나

---

* MaaS는 다양한 교통수단을 하나의 디지털 플랫폼에서 통합하여 이용할 수 있게

그림 1-12 도심 속 전동 킥보드

의 플랫폼에서 통합적으로 이용할 수 있게 한다. 우버·리프트와 같은 공유 모빌리티부터 공유 자전거, 전동킥보드 등 마이크로 모빌리티까지 다양한 이동 수단이 디지털 플랫폼을 통해 연결되어 종합적인 모빌리티 솔루션을 제공하기도 한다.

현대사회에서 모빌리티는 단순한 이동 수단 이상의 의미를 지니며, ICT 기술의 발전에 따라 더욱 포괄적이고 효율적인 체계로 진화하고 있다. 이러한 변화는 사람들의 생활 방식을 혁신적으로 바꾸고, 경제적 성장과 사회적 포용성을 높이는 데 기여할 수 있다.

하는 서비스이다. 대중교통, 차량 공유, 자전거 대여, 전동킥보드 등 여러 교통 수단을 하나의 앱으로 예약하고 결제할 수 있도록 하여 사용자 편의성을 극대화한다.

‡ 마이크로모빌리티는 전동킥보드, 전기자전거, 공유자전거 등 소형 전동 교통수단을 이용하여 단거리를 효율적으로 이동할 수 있게 해 주는 교통 방식이다.

모빌리티 기술
활용 사례

　　웨이모는 현재 미국의 피닉스와 샌프란시스코, 로스앤젤레스에서 자율주행 택시 서비스인 **로보택시** robotaxi(**그림 1-13**)를 운영하고 있다. 웨이모의 차량은 라이다LiDAR, 카메라, 레이더 등을 이용해 주변 환경을 실시간으로 인식하고 주행 경로를 계획하며, 승객을 목적지까지 이동시킨다.

그림 1-13 웨이모의 로보택시 @Wikimedia

　　아마존의 프라임 에어 Prime Air는 드론을 이용한 배송 서비스를 개발하고 있다. 이 드론은 고객의 집까지 상품을 빠르고 효율적으로 배송하며, 도로교통혼잡을 줄이고 배송 시간을 단축할 수 있다. **뉴로**Nuro는 자율주행 배송 차량을 통해 빠르고 효율적인 배송을 제공하고 있으며, 세븐일레븐 · 도미노피자 · 페덱스 등과 협력해 다양한 배달 서비스를 테스

그림 1-14 배송 로봇과 드론

트하고 있다.

우버는 전 세계적으로 공유 모빌리티 서비스를 제공하는 주요 기업으로, 주로 라이드헤일링, 음식 배달(우버 이츠Uber Eats), 화물 운송(우버 프레이트Uber Freight) 등의 서비스를 운영하고 있다. 다양한 차량 옵션을 도입하여 경제적인 우버엑스UberX, 고급 차량 서비스 우버블랙UberBLACK, 승객 공유 서비스 우버풀UberPOOL 등을 제공한다. 전기차 도입을 확대하고 있으며, 2040년까지 탄소 배출 없는 모빌리티 플랫폼으로 전환할 계획이다.

스마트시티는 첨단 기술을 활용하여 지속가능성, 효율성, 주민의 삶의 질 향상을 도모하는 도시다. 싱가포르는 기술 통합과 혁신의 중심지로, 스마트시티 기술을 활용하여 도시 운영의 효율성을 극대화하고 있다. 스마트 교통관리 시스템으로 실시간 교통정보를 제공하고, 자율주행 차량 테스트를 진행 중이다.

이러한 사례들은 모빌리티 기술이 어떻게 현대사회의 이동성 문제를 해결하고, 지속가능하고 효율적인 교통체계를 구축하는 데 기여하고 있는지를 보여 준다. 이와 같은 기술적 혁신들은 단지 미래의 비전이 아닌, 이미 우리의 일상에 깊숙이 들어와 있으며, 앞으로 더욱더 우리의 생활 방식을 혁신할 것이다. 지속 가능한 교통수단의 발전은 지구 환경보호와 더불어 경세적 이익을 동시에 추구하는 중요한 도전 과제이며, 이를 통해 우리는 좀 더 나은 미래를 기대할 수 있다. 모빌리티 기술의 지속적인 발전과 적용은 우리가 직면한 다양한 문제들을 해결하는 열쇠가 될 것이다.

2장

인공지능 기술 세계 탐험

순다르 피차이|Sundar Pichai _ 여기에는 이 분야에서 일하는 모두가 '블랙박스' 라고 부르는 부분이 있습니다. 아시다시피, 여러분은 (딥러닝의 메커니즘을) 완전히 이해할 수 없습니다. 왜 이런 결과가 나왔는지, 왜 틀렸는지 확실히 말할 수 없습니다. 우리에게는 이에 대한 몇 가지 아이디어가 있으며, 이를 이해하는 능력은 시간이 지나면서 향상되고 있습니다. 하지만 그것이 현재의 기술 수준입니다.

스콧 펠리|Scott Pelley _ 그렇다면, 그것이 어떻게 작동하는지 완전히 이해하지 못하면서도 사회에 공개한 겁니까?

순다르 피차이 _ 네. 이렇게 말씀드리겠습니다. 인간의 마음이 어떻게 작동하는지 우리도 완전히 이해하지 못한다고 생각합니다.

_ 2023년 CBS 특파원 스콧 펠리와 구글 CEO 순다르 피차이의 인터뷰 中[1]

인공지능과 빅데이터
: 데이터의 힘

2006년, 데이터과학 분야를 연구하는 영국의 수학자이자 기업가인 클라이브 험비Clive Humby는 "데이터가 새로운 석유"라고 언급하였다.[2] 인공지능이 급속도로 발전하면서 데이터는 가장 귀중한 자원 중 하나로 자리 잡고 있다.

　데이터의 중요성을 이해하려면 먼저 데이터가 현대 인공지능 기술, 특히 데이터 기반data-driven 알고리즘의 핵심 요소라는 사실을 인식해야 한다. 데이터 기반 인공지능 모델은 데이터를 통해 패턴을 학습하고, 이를 바탕으로 수학적 구조를 형성하여 새로운 데이터에 대한 예측을 수행한다. 머신러닝machine learning과 딥러닝deep learning은 이러한 데이터 기반 인공지능이라고 할 수 있다.

　데이터의 품질과 양은 인공지능의 성능을 결정하는 중요한 요소다. 데이터는 노이즈가 적고, 편향bias되지 않고 모집단을 대표

---

* 험비는 이 개념을 통해 데이터가 원유와 마찬가지로 가공해야만 진정한 가치를 얻을 수 있다는 점을 강조했다. 이 표현은 마케팅 및 데이터분석의 맥락에서 데이터의 중요성을 강조하는 데 자주 인용된다.

할 수 있어야 하며, 또한 충분한 양을 가져야 한다.* 특히, **그림 2-1** 에서 볼 수 있듯이, 딥러닝 모델은 데이터 양이 많을수록 성능이 향상되는 경향이 있다. 이는 대량의 데이터가 있을 경우 딥러닝이 전통적인 머신러닝보다 우수

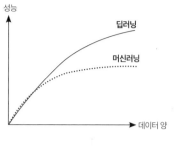

그림 2-1 데이터 양에 따른 딥러닝과 머신러닝의 성능

한 성능을 발휘할 수 있는 이유 중 하나다. 따라서 인공지능 기술을 성공적으로 구현하기 위해서는 양질의 대규모 데이터를 확

---

* 데이터의 대표성과 충분성은 인공지능 모델의 성능에 큰 영향을 미칠 수 있다. 데이터가 모델을 사용할 실제 환경을 얼마나 잘 반영하는지에 대한 척도가 된다. 데이터가 대표적이라는 것은 그 데이터가 처리하고자 하는 문제의 모든 중요한 측면을 포괄하고 있음을 의미한다. 예를 들어, 인구통계를 기반으로 하는 모델을 개발할 때 사용되는 데이터는 다양한 연령 · 성별 · 인종 및 지역을 모두 포괄해야 한다. 데이터가 특정 그룹에 치우쳐 있거나 특정 유형의 시나리오만을 반영하는 경우 모델은 편향될 수 있으며, 일부 사용자나 상황에 대해 부정확한 결과를 낳을 위험이 있다. 데이터가 충분하다는 것은 모델이 학습할 때 다양한 시나리오와 패턴을 경험할 수 있도록 충분한 정보를 제공한다는 것을 뜻한다. 데이터의 양이 충분하지 않으면, 모델은 과적합overfitting될 가능성이 높아진다. 과적합은 모델이 훈련 데이터에만 너무 잘 맞춰져 있어서 새로운 데이터에 대해 잘 일반화하지 못하는 현상이다. 반대로 데이터가 충분할 경우, 모델은 좀 더 정확하고 신뢰할 수 있는 예측을 할 수 있으며, 실제 세계의 다양한 상황에 더 잘 적용될 수 있다. 대표성과 충분성은 데이터의 품질을 결정하는 중요한 요소이다. 그러나 충분성과 대표성만이 데이터 품질의 전부는 아니다. 데이터가 충분하고 대표적일지라도, 데이터에 오류가 많거나, 정보가 불일치하거나, 누락된 값이 많다면, 그 데이터의 전반적인 품질은 여전히 낮을 수 있다.

그림 2-2 도모의 'Data Never Sleeps 11.0'(2023) @Domo

보하는 것이 필수적이다.

이러한 맥락에서 **빅데이터**Big Data의 중요성이 두드러진다. 빅데이터는 기존의 데이터 처리 응용프로그램으로 처리하기 어려울 정도로 방대하고 복잡한 데이터세트dataset 를 의미한다. **그림 2-2**

⁝ 데이터세트는 데이터과학이나 인공지능 분야에서 흔히 사용되는 용어로, 데이터 분석이나 모델 학습을 위해 특정한 구조로 조직된 데이터의 집합을 뜻한다. 데이터세트는 일반적으로 특정 목적에 맞춰 수집되며, 그 형태와 크기는 다양하다. 표 형식의 데이터에서, 각 열column은 특징feature, 속성attribute, 독립변수independent variable, 차원dimension 등으로 불린다. 예를 들어 사람에 관한 데이터세트에서는 키, 몸무게, 나이 등이 이 열에 해당될 수 있다. 각 행raw은 샘플sample, 레코드record, 데이터 포인트data point, 관측치observation, 인스턴스instance 등으로 표현될 수 있다.

는 이러한 빅데이터의 '용량'을 구체적으로 보여 준다.

이 그림은 미국의 비즈니스 인텔리전스 및 데이터 시각화 회사인 도모Domo가 2023년 전 세계에서 매분마다 생성되고 소비되는 데이터를 시각화한 것이다.[3] 이에 따르면, 1분 동안 구글에서는 630만 건의 검색이 이루어진다. 아마존 쇼핑객은 45만 5천 달러를 소비하며, 챗GPT에서는 6,944개의 프롬프트가 처리된다. 이렇듯 방대한 양의 데이터가 지속적으로 생성되고 있으며, 생성형 인공지능 활용이 확대됨에 따라 그 양은 앞으로 더욱 폭발적으로 증가하리라 예상된다.

빅데이터는 용량Volume뿐만 아니라 속도Velocity, 다양성Variety이라는 주요 특징을 가지며, 이를 '3V'라고 한다. 여기에 진실성Veracity(정확성)과 가치Value 등 다양한 'V'를 추가하여 '4V', '5V' 등으로 일컫기도 한다.

'용량'은 데이터의 양을 의미한다. 빅데이터는 주로 테라바이트TB(2^{40}B)나 페타바이트PB(2^{50}B) 등의 단위로 측정될 수 있다. '속도'는 데이터 생성 및 처리의 속도를 뜻하는데, 빅데이터는 실시간으로 지속적으로 생성되는 경우가 많다. '다양성'은 데이터 형태의 폭넓은 스펙트럼을 의미한다. 빅데이터는 정형structured 데이터뿐만 아니라 비정형unstructured 데이터와 반정형semi-structured

데이터 형태를 포함할 수 있다.*

　'진실성'은 데이터의 정확성과 신뢰성을 나타낸다. 부정확하거나 편향된 데이터는 분석 결과의 신뢰도를 떨어뜨릴 수 있다. '가치'는 데이터로부터 도출할 수 있는 유의미한 인사이트와 비즈니스 가치를 뜻한다.

　결론적으로, 빅데이터는 인공지능의 학습과 성능 향상에 요구되는 필수 자원을 제공한다. 더불어, 인공지능은 빅데이터를 효과적으로 분석하여 중요한 통찰을 도출할 수 있다. 예를 들어, 금융시장의 데이터를 실시간 분석하여 투자 결정을 지원하거나, 고객의 구매 패턴을 분석하여 개인화된 마케팅 캠페인을 실행할 수 있다.

---

* 정형(구조화된) 데이터는 일반적으로 사전에 정의된 데이터 모델을 따르며, 주로 행과 열로 구성된 테이블 형태로 표현될 수 있다. 이 데이터는 관계형 데이터베이스에 저장되며, 데이터베이스의 미리 정해진 규칙에 따라 구조화되므로 의미 파악이 용이하다. 비정형(구조화되지 않은) 데이터는 사전 정의된 방식으로 구성되지 않은 데이터를 의미하며, 텍스트·이미지·비디오·오디오 파일 등이 이에 속한다. 이러한 데이터는 전통적인 데이터베이스 시스템으로 관리하기 어렵다. 소셜 미디어 게시물, CCTV 영상 등이 그 예에 해당한다. 반정형(반구조화된) 데이터는 정형 데이터와 비정형 데이터의 중간 형태로, 일정한 구조는 가지지만 정형 데이터처럼 엄격한 데이터 모델을 따르지 않는다. 태그나 마커를 사용하여 데이터를 구분하고 계층적 관계를 표현할 수 있다. XML, JSON 파일이 대표적인 예이다.

머신러닝과 딥러닝
:학습하는 기계

인공지능은 다양한 기술과 방법론을 포괄하는데, 그중 머신러닝과 딥러닝이 핵심적인 하위 분야로 자리매김하고 있다. 이 기술들은 대규모 데이터를 기반으로

그림 2-3 인공지능, 머신러닝, 딥러닝

패턴을 학습하여 예측 모델을 구축하는 데 활용된다.

▌ 머신러닝

머신러닝(기계학습)은 컴퓨터가 명시적인 프로그래밍 없이도 데이터를 학습하여 패턴을 인식하고 예측을 수행할 수 있게 하는 인공지능의 하위 분야다. 이 기술은 주로 통계적 방법을 활용하여 입력된 데이터를 기반으로 모델을 자동으로 생성하고, 이러한 모델을 통해 새로운 데이터에 대한 예측을 수행한다.

'머신러닝'이라는 용어는 1959년 **아서 새뮤얼**Arthur L. Samuel에 의해 처음 제안되었다. 그는 이를 "기계가 일일이 코드로 명시하지

않은 동작을 데이터로부터 학습하여 실행할 수 있도록 하는 알고리즘을 개발하는 연구 분야"라고 정의했다.

1997년 **톰 미첼**Tom M. Mitchell은 그의 저서 《기계학습》[4]에서, 머신러닝에 대해 널리 인용되는 정의를 제시했다.

어떤 컴퓨터 프로그램이 T라는 작업을 수행하고, 그 성능을 P라는 척도로 평가했을 때, 경험 E를 통해 성능이 개선된다면 이 프로그램은 학습을 한다고 말할 수 있다.＊

여기서 '경험 E'는 데이터를 의미하며, 이 데이터를 통해 시스템은 특정 작업 T에서 성능 척도 P에 따라 자동으로 개선된다. 예를 들어, 스팸 메일 분류기의 경우 '작업 T'는 이메일이 스팸인지 아닌지를 판별하는 것이고, '성능 척도 P'는 정확도나 오류율에 해당될 수 있으며, '경험 E'는 스팸 메일과 비스팸 메일의 데이터세트이다.

메흐리아르 모리Mehryar Mohri는 《기계학습의 기초》[5]에서 머신러닝을 "성능을 개선하거나 정확하게 예측하기 위해 경험을 이용

＊ 원문은 다음과 같다. "A computer program is said to learn from experience E with respect to some class of tasks T and performance measure P, if its performance at tasks in T, as measured by P, improves with experience E."

하는 계산학 방법들"이라고 정의했다.

이러한 다양한 정의들은 머신러닝의 본질이 데이터를 통해 자동으로 성능을 향상시키는 데 있음을 보여 준다. 즉, 머신러닝은 단순히 데이터를 입력받아 결과를 출력하는 것이 아니라, 입력된 데이터를 바탕으로 스스로 학습하여 점점 더 나은 성능을 발휘하는 시스템을 구축한다. 이는 단순한 규칙 기반 시스템으로는 해결할 수 없는 복잡한 문제들을 해결할 수 있게 한다.

▌ 머신러닝의 분류

머신러닝은 학습 방법에 따라 지도학습supervised learning, 비지도학습unsupervised learning, 강화학습reinforcement learning으로 주로 구분될 수 있다.

지도학습은 입력 데이터와 그에 대응하는 정답˙을 사용하여 모

˙ 정답은 각 샘플의 출력값output, 레이블label, 타깃target, 클래스class, 종속변수dependent variable, ground truth(실측치, 실제 사실) 등으로 표현될 수 있다. 이 중 주로 사용되는 용어들은 데이터 타입과 분석 목적에 따라 달라질 수 있다. 예를 들어, 이미지 분류 작업에서 '정답'은 주로 '클래스' 또는 '레이블'로 표현된다. 반면 회귀분석에서는 '종속변수' 또는 '타깃'이라는 용어를 주로 사용한다. 자율주행 자동차의 센서 데이터 분석에서는 실제 환경을 나타내는 데이터를 'ground truth'라고 부른다. 이처럼 다양한 용어가 사용되지만, 모두 특정 데이터 샘플에 대해 예측하거나 학습한 모델이 맞춰야 하는 실제 값을 의미한다.

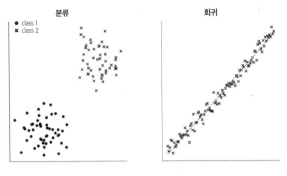

그림 2-4 분류와 회귀

델을 학습시키는 방법이다. 학습 과정에서 모델은 주어진 입력 데이터를 기반으로 출력값을 예측하는 방법을 배우게 되며, 이를 통해 새로운 데이터에 대한 예측을 수행할 수 있다. 지도학습은 크게 분류classification와 회귀regression로 나뉜다.

분류는 레이블이 있는 데이터를 사용하여 입력 데이터를 여러 클래스(범주) 중 하나로 분류(예측)하는 작업이다. 예를 들면, 이메일을 '스팸' 또는 '비스팸'으로 분류하는 스팸 필터링, 손글씨 숫자를 0부터 9까지 판별하는 숫자 인식 등이 분류에 해당된다. **회귀**는 연속적인 값을 예측하는 작업으로, 출력 변수가 숫자형이다. 주택 가격 예측, 온도 예측 등이 회귀에 해당된다. **그림 2-4**의 왼쪽은 두 클래스(원과 엑스)의 분류 결과를, 오른쪽은 회귀 분석을 통해 예측된 연속 값의 추세선(회색 점선)과 실제 타깃(엑스)

을 시각화한 것이다.

비지도학습은 레이블 없이 입력 데이터만을 사용하여 학습하는 방법이다. 비지도학습의 주요 목적은 데이터의 구조나 패턴을 탐색하거나 데이터를 의미 있는 그룹으로 분류하는 것이다. 비지도학습은 크게 군집화clustering와 차원 축소dimensionality reduction로 구분된다.

군집화는 데이터를 유사한 특성을 가진 그룹이나 클러스터로 묶는 작업이다. 비슷한 특성을 가진 데이터는 같은 클러스터에 속하고, 서로 다른 특성을 가진 데이터는 다른 클러스터로 분류된다. 예를 들어, 고객 데이터를 분석하여 유사한 구매 패턴을 가진 고객들을 그룹으로 나눌 수 있다. **차원 축소**는 고차원 데이터를 저차원으로 변환하여 중요한 특성을 유지하면서 데이터를 압축하는 작업이다. 예를 들어, 고해상도 이미지를 낮은 차원으로 축소하면 저장 공간을 절약하면서도 중요한 시각적 특징을 보존할 수 있다.

강화학습은 에이전트가 환경과 상호작용하면서 보상reward을 극대화하기 위한 행동을 학습하는 방법이다. 에이전트는 시행착오를 통해 어떤 행동이 더 큰 보상을 가져다주는지 학습하고, 이를 통해 최적의 정책을 찾아낸다. 인공지능 알파고AlphaGo는 바둑 게임을 통해 최적의 수를 두는 방법을 학습한 사례다.

딥러닝

딥러닝은 인공신경망Artificial Neural Networks: ANN을 기반으로 하는 머신러닝의 하위 분야로, 뇌의 뉴런 구조를 모방하여 다층 신경망을 통해 데이터를 학습한다. 특히, 데이터로부터 자동으로 특징을 추출하는 능력이 있어, 복잡한 데이터 구조에서도 뛰어난 학습 성능을 발휘한다. 이러한 특성 덕분에 딥러닝은 영상 처리, 음성인식, 자연어 처리 등 다양한 분야에서 혁신적인 성과를 거두고 있다.

신경망의 주요 특징과 구성 요소는 다음과 같다. 신경망의 기본 단위는 뉴런neuron 또는 노드node라고 불리며, 이들은 사람의 뇌 속 뉴런처럼 신호(입력)를 받고, 처리하며, 출력한다. 신경망은 입력층input layer, 하나 이상의 은닉층hidden layer, 그리고 출력층output layer으로 구성된다. 입력층은 데이터를 신경망에 입력하는 역할을 한다. 은닉층은 입력층과 출력층 사이에 위치하며 여러 층을 가질 수 있다. 은닉층의 각 노드는 이전 층의 노드들과 연결되어 있으며, 입력 데이터에서 복잡한 특징을 학습하는 역할을 담당한다. 출력층은 예측값을 내는 층으로, 회귀 문제에서는 실수 값을, 분류 문제에서는 클래스 확률을 출력한다. 딥러닝은 여러 은닉층을 사용하는 심층 신경망Deep Neural Networks: DNN을 이용하는 것이 특징이다.

각 노드의 연결마다 **가중치**weight와 **편향**bias이라는 **파라미터** parameter(매개변수)가 존재하며, 이들은 학습을 통해 최적화된다. 가중치는 각 연결의 중요도를 조절할 수 있고, 편향은 활성화 함수의 입력값을 조정하여 출력 뉴런의 활성화 기준을 변화시킬 수 있다. 활성화 함수activation function는 뉴런의 출력을 결정하는 데 사용되며, 비선형성nonlinearity을 도입하여 네트워크가 더 복잡한 패턴을

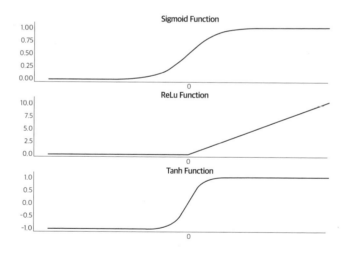

그림 2-5 신경망의 활성화 함수

학습할 수 있도록 한다. 대표적인 활성화 함수로는 시그모이드 sigmoid 함수, 렐루ReLU 함수, 하이퍼볼릭탄젠트Tanh 함수 등이 있다.

그림 2-6은 손글씨 숫자 인식을 위한 신경망 모델의 구조와 예측 결과를 시각적으로 나타낸 것이다. 왼쪽에 있는 손글씨 숫자 '4'의 이미지가 입력으로 사용되며, 이 이미지는 픽셀 값으로 변환되어 입력층에 전달된다. 각 원은 신경망의 뉴런을 나타낸다.

신경망은 두 개의 은닉층(Hidden Layer 1, Hidden Layer 2)으로 구성되어 있다. 첫 번째 은닉층은 입력층에서 전달된 값을 받아 파라미터와 활성화 함수를 통해 신호를 변환한다. 두 번째 은닉층은 첫 번째 은닉층의 출력을 받아 동일한 방식으로 신호를 다시 변환한다.

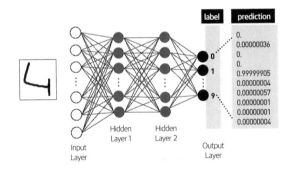

그림 2-6 손글씨 숫자 '4'를 예측하는 DNN 아키텍처

출력층은 10개의 뉴런으로 구성되어 있으며, 각 뉴런은 숫자 0부터 9까지의 클래스에 해당한다. 각 뉴런의 출력값은 해당 숫자가 입력 이미지와 일치할 확률을 나타낸다.

오른쪽에는 출력층의 각 뉴런에 해당하는 예측 확률이 표시되어 있다. 예를 들어, 숫자 '4'의 확률이 0.99999905로 가장 높고, 나머지 숫자의 확률은 매우 낮다. 이로써 모델이 입력 이미지를 숫자 '4'로 매우 높은 확률로 예측했음을 알 수 있다.*

딥러닝의 원리

딥러닝은 인공신경망을 사용하여 데이터로부터 학습하는 방법으로, 여러 층의 뉴런을 통해 입력 데이터를 처리하고 계층적으로 추상화된 특징을 추출한다. 학습 과정에서 모델은 예측 오류를 줄이기 위해 역전파 알고리즘을 사용하여 가중치를 조정하며, 손실 함수를 최소화하는 방향으로 최적화된다. 즉, 딥러닝의 **학습**은 주어진 데이터에 대한 오차(손실)를 최소

---

* 정확히 말하면, '확률'보다는 '신뢰도confidence'가 더 적합하다. 숫자 '4'로 예측된 신뢰도가 99.999905퍼센트로 가장 높다는 표현이 정확하다. 신뢰도는 모델이 특정 결과에 대해 얼마나 확신하는지를 나타낸다. 모델이 특정 이미지가 숫자 '4'일 것이라고 99.999905퍼센트의 신뢰도로 예측했다는 것은 모델이 그 예측에 매우 높은 확신을 가지고 있다는 의미다.

화하는 최적의 함수(근삿값)를 찾아내는 과정이라고 할 수 있다.

기본 원리는 다음과 같다. 입력 데이터는 입력층에서 시작하여 은닉층을 거쳐 출력층으로 전달된다. 이를 순전파feedforward라고 한다. 각 뉴런은 입력 신호와 가중치를 곱하고, 편향을 더한 후 활성화 함수를 적용하여 출력을 계산한다. 이를 수식으로 나타내면 다음과 같다.

$$\hat{y} = \sigma(\sum_{i=1}^{n} w_i x_i + b)$$

· x_i는 입력 신호
· w_i는 가중치
· b는 편향
· $\sigma(z)$는 활성화 함수(예: 시그모이드 함수 $\sigma(z) = \dfrac{1}{1 + e^{-z}}$)

출력층에서는 예측 값과 실제 값을 비교하여 오차error[*]를 계산한다. 이 오차는 출력층에서 입력층 방향으로 역방향으로 전파되어, 각 가중치와 편향의 기울기gradient를 계산하는 데 사용된다. 이 과정을 역전파backpropagation라고 한다. 역전파 알고리즘을 사용하여 파라미터를 업데이트함으로써 오차를 줄여 나갈 수 있

---

[*] 오차는 손실loss, 비용cost이라고도 불릴 수 있다. 대표적인 손실 함수로는 평균 제곱 오차MSE, 교차 엔트로피cross-entropy 등이 있다.

으며, 이는 경사하강법gradient descent[*]과 같은 최적화 알고리즘을 통해 이루어진다. 학습이 원활하게 진행될 경우, 네트워크의 성능은 점진적으로 개선된다.

$$\theta_{next\ step} = \theta - \alpha \nabla_\theta J(\theta)$$

- θ는 모델의 파라미터(가중치 또는 편향)를 나타낸다.
- $J(\theta)$는 손실함수이다.
- $\nabla_\theta J(\theta)$는 θ에 대한 J의 그래디언트(미분값)이다.
- α는 학습률 *learning rate*로, 파라미터의 업데이트 크기를 조절한다.
- $\theta_{next\ step}$는 업데이트된 새로운 파라미터 값이다.

이러한 학습 과정은 주어진 데이터세트에 대해 여러 번 반복된다. 순전파와 역전파 과정을 여러 차례 거치면서 모델은 입력 데이터와 출력 간의 관계를 점점 더 정확하게 학습하게 된다.

그림 2-7을 참고하여, 가중치와 편향, 활성화 함수를 사용하여

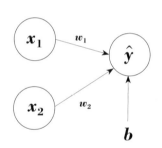

그림 2-7 뉴런의 입력, 가중치, 편향

---

[*] 경사하강법은 수학적 최적화를 위한 방법 중 하나로, 비용 함수를 최소화하기 위해 사용된다. 현재 파라미터 위치에서 비용 함수의 기울기를 계산하고, 이 기울기의 반대 방향으로 파라미터를 조금씩 이동시키며 최솟값을 찾는다.

출력 값 또는 예측 값 $\hat{y}$ 이 어떤 식으로 계산되는지 예제를 통해 알아보자.

- 입력 신호 $x_1 = 0.5$, $x_2 = 0.3$
- 가중치 $w_1 = 0.4$, $w_2 = 0.7$
- 편향 $b = 0.1$
- 활성화함수 $\sigma(z) = \dfrac{1}{1+e^{-z}}$

예시 데이터가 위와 같이 주어졌을 때, 뉴런의 예측 값 $\hat{y}$ 은 다음과 같이 계산된다.

$$\hat{y} = \sigma(\sum_{i=1}^{n} w_i x_i + b) = \sigma(w_1 x_1 + w_2 x_2 + b)$$

$$= \sigma((0.4 \times 0.5) + (0.7 \times 0.3) + 0.1)$$
$$= \sigma(0.2 + 0.21 + 0.1)$$
$$= \sigma(0.51)$$
$$= \frac{1}{1+e^{-0.51}} \simeq 0.625$$

따라서, 주어진 예시 데이터로 계산된 뉴런의 예측 값은 약 0.625이다.

그림 2-8은 딥러닝의 학습 과정을 시각화한 것이다. 비용 함수 $J(\theta) = \theta^2$로 가정할 때, 경사하강법을 사용하여 최솟값을 찾아가는 과정을 보여 준다. 'X' 표시는 각 반복에서의 θ값 'Theta'와 해

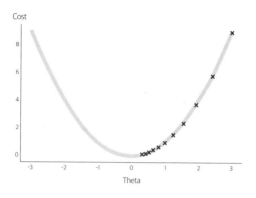

그림 2-8 경사하강법 최적화

당하는 비용 'Cost'를 나타낸다. 초기 θ값은 3으로 설정되었으며, 경사하강법을 반복할수록 θ값이 최소 비용을 갖는 지점인 0에 가까워지는 것을 확인할 수 있다.

머신러닝과 딥러닝의
차이점

머신러닝과 딥러닝은 몇 가지 중요한 차이점이 있다. 먼저, **특징 추출 방식**에서 큰 차이가 있다. 머신

참고로, 이 알고리즘에서 구한 값은 지역 최솟값local minimum 최적해로 수렴할 수 있으며, 전역 최솟값global minimum 최적해임을 보장하지 않는다.

러닝에서는 사람이 데이터로부터 유의미한 특징을 직접 추출해야 하며, 이는 도메인 지식domain knowledge[1]과 데이터 전처리data preprocessing[2] 기술이 요구된다. 이러한 과정은 모델의 성능에 큰 영향을 미친다. 반면, 딥러닝은 데이터로부터 자동으로 특징을 추출하는 능력이 있다. 특히 이미지, 음성, 텍스트와 같은 비정형 데이터에서 딥러닝은 뛰어난 성능을 발휘하며, 복잡한 패턴을 스스로 학습할 수 있다.

데이터 요구량 측면에서도 두 기술 간의 차이가 크다. 머신러닝은 비교적 적은 데이터로도 효과적인 결과를 낼 수 있어, 제한된 데이터 환경에서 유용하다. 반면, 딥러닝은 대량의 데이터가 필요하다. 이는 딥러닝 모델이 다양한 예제와 복잡한 패턴을 학습해야 하기 때문이다. 따라서 딥러닝을 효과적으로 활용하려면 대규모 데이터세트와 이를 처리할 수 있는 인프라가 필수적이다.

---

[1] 도메인 지식은 특정 분야나 산업에 대한 전문적인 지식과 이해를 의미하며, 데이터분석, 문제 해결, 의사결정 과정 등에서 중요한 역할을 한다. 이 지식은 해당 분야의 특수한 규칙과 콘텍스트를 포함한다.

[2] 데이터 전처리는 원시raw 데이터를 분석하기 전에 정제하고 변환하는 과정으로, 결측치missing values 처리, 중복 제거, 이상치outliers 처리, 데이터 변환data transformation 등이 포함된다. 데이터 변환의 예로는, 연속형 변수를 범주형 변수로 변환하거나 로그log 변환을 통해 데이터 분포를 정규화하는 것 등이 있다. 데이터 전처리는 데이터의 품질을 높여 분석과 모델링의 정확성을 향상시키는 데 필수적이다.

모델 **복잡성**에서도 차이가 나타난다. 머신러닝 모델은 상대적으로 단순한 구조를 가지며, 결과 해석이 용이하다. 예를 들어, 선형 회귀나 결정 트리decision tree 모델*은 작동 원리를 이해하고 결과를 설명하기가 비교적 쉽다. 이에 비해 딥러닝 모델은 계층이 깊어지고 구조가 복잡해질수록 해석이 어려워진다.‡

계산 자원의 요구량 또한 다르다. 딥러닝은 많은 계산 자원을 필요로 한다. 대규모 병렬 계산을 위한 고성능 GPU와 같은 하드웨어가 필수적이다. 반면, 머신러닝은 상대적으로 적은 자원으로도 효율적인 모델을 구축할 수 있어, 제한된 자원을 가진 환경에서도 유용하게 적용될 수 있다.

결론적으로, 딥러닝과 머신러닝은 각기 다른 특성과 장점을 지니고 있다. 일반적으로 정형 데이터에서는 머신러닝이, 비정형 데이터에서는 딥러닝이 많이 사용되지만, 문제의 특성과 요구 사항에 따라 적절한 접근 방식을 선택하는 것이 중요하다.

---

* 결정 트리 모델은 트리 구조를 기반으로 데이터를 분류하거나 회귀분석을 수행하는 머신러닝 알고리즘이다. 내부 노드는 속성에 대한 테스트를, 분기점은 그 테스트 결과를, 리프 노드는 최종 예측을 나타낸다. 이 모델은 직관적이고 해석이 쉬워 다양한 분야에서 널리 활용될 수 있다.

‡ 해석이 어렵다는 것은 곧 설명이 어렵다는 뜻이며, 이러한 특성은 종종 불투명하다고 표현된다. 이런 불투명한 시스템을 블랙박스라고 부른다.

현대 인공지능의 주요 기술
: 자연어 처리, 컴퓨터 비전, 음성 처리

인공지능 기술 연구는 다양한 분야로 나뉜다. 현대 인공지능의 주요 분야인 자연어 처리, 컴퓨터 비전, 음성 처리의 기본 개념과 관련 기술 및 응용 분야를 간략히 살펴보자.

자연어 처리
Natural Language Processing: NLP

자연어 처리는 자연어(인간이 사용하는 언어)를 컴퓨터가 이해하고 처리할 수 있도록 하는 기술 및 학문 분야이다. 컴퓨터과학·언어학 등 다양한 학문 분야가 융합되어 발전해 왔으며, 특히 딥러닝 기술의 도입으로 그 성능이 비약적으로 향상되었다. 예를 들어, 트랜스포머Transformer[6] 기반의 언어 모델language model인 BERT[7]와 GPT[8] 시리즈는 텍스트의 문맥을 이해

---

[6] 트랜스포머는 자연어 처리에서 self-attention(셀프-어텐션) 메커니즘을 활용하여 문장 간의 관계를 모델링하는 인공신경망 아키텍처로, 병렬처리에 뛰어나 번역이나 요약 등 다양한 언어 작업에서 탁월한 성능을 발휘한다.

[7] BERTBidirectional Encoder Representations from Transformers와 GPTGenerative Pre-trained Transformer는 모두 대량의 텍스트 데이터를 활용해 사전 훈련된 자연어 처리 모델

하고 자연스러운 문장을 생성하는 데 탁월한 성능을 보여 준다.

이 언어 모델들은 대규모 텍스트 데이터를 기반으로 언어의 통계적 속성을 학습하여 문맥에 따라 다음 단어를 예측하거나 문장을 이해하고 생성하는 데 사용된다. 과거에는 n-그램n-gram 모델[*] 등과 같은 확률론적 접근이 주로 사용되었으나, 이러한 방법 은 복잡한 문맥을 이해하는 데 한계가 있었다. 이를 극복하기 위해 현재는 트랜스포머 기반의 딥러닝 모델이 널리 사용되고 있다.

딥러닝 언어 모델은 입력된 텍스트를 이해하고 자연스러운 문 장을 생성하기 위해 여러 단계를 거친다. 먼저, 입력된 텍스트는 단어 또는 하위 단위인 토큰token[‡]으로 분할된다. 이후 각 토큰은 고유한 벡터로 변환되어 수치 데이터로 표현되며, 이를 바탕으 로 모델은 신경망을 통해 문맥을 이해하고 텍스트 내 패턴을 학 습한다. 학습된 패턴을 토대로 모델은 다음에 올 토큰을 예측하

이다. BERT는 양방향 문맥을 이해하여 문장의 앞뒤를 모두 고려한 의미 파악이 가능하다. 반면, GPT는 자동회귀 방식을 사용하여 순차적으로 텍스트를 생성하 며, 다음 단어를 예측하는 방식으로 문장을 형성한다.

[*] n-그램 모델은 주어진 텍스트에서 n개의 연속적인 단어 시퀀스를 분석하여 다음 단어를 예측하는 확률적 언어 모델이다.

[‡] 토큰은 일반적으로 단어, 부분 단어, 개별 문자, 구두점 등을 포함할 수 있다. 토 큰화에는 여러 가지 접근 방식이 있다. 예를 들어, "자연어 처리는 신기하다."는 ["자연어", "처리", "는", "신기하다", "."]로 분할하는 방법이 있다.

고, 이를 조합하여 완성된 문장을 생성할 수 있다. 모델의 성능을 향상시키기 위해 대량의 텍스트 데이터로 초기 훈련을 진행한 후, 특정 작업에 맞춰 미세조정fine-tuning‡ 과정을 거친다. 이러한 과정을 통해 모델은 다양한 자연어 처리 작업에서 뛰어난 성능을 발휘할 수 있다.

자연어 처리는 다양한 분야에서 폭넓게 활용되고 있다.

기계 번역 Machine Translation: MT은 한 언어로 작성된 텍스트를 다른 언어로 번역하는 기술이다. 트랜스포머 기반 모델은 대규모 번역 쌍 데이터를 학습하여 언어 간 패턴을 이해하고 자연스러운 번역을 생성한다. 이를 통해 사용자는 실시간으로 여러 언어 간의 자동번역을 경험할 수 있다. 구글 번역Google Translate이 대표적인 예로, 다국어 간의 원활한 의사소통을 지원한다.

질의응답 시스템 Question Answering은 사용자의 질문에 대해 관련성 높은 답변을 제공하는 기술이다. 이 시스템은 대규모 데이터베이스나 특정 도메인의 문서를 탐색하여 질문에 대한 답을 찾아내며, 주로 고객 지원, 온라인 정보 검색, 챗봇, 가상 비서 등에 활용

---

‡ 미세조정은 사전 학습된 모델을 특정 작업이나 도메인에 맞게 추가 데이터로 학습시켜 성능을 최적화하는 과정이다.

된다. 예를 들어, "서울의 인구는 몇 명인가요?"라고 물으면, 서울의 인구 정보를 찾아 제공하는 기능이 이에 해당한다.

문서 분류document classification는 주어진 텍스트가 어느 카테고리에 속하는지 판별하는 기술로, 이메일 스팸 필터링, 뉴스 기사 분류 등에 사용된다.

감성 분석sentiment analysis*은 텍스트에서 감정적 톤을 분석하여 긍정적, 부정적, 중립적 감정을 식별하는 기술이다. 예를 들어, 리뷰에서 "이 제품 5번째 구매함"이라는 문장은 긍정으로 분류될 수 있다. 이러한 분석은 소셜미디어 모니터링, 고객 피드백 분석, 마케팅 전략 수립 등에서 감정 경향을 이해하는 데 유용할 수 있다.

자연어 생성 Natural Language Generation: NLG은 인간이 이해할 수 있는 형태의 자연스럽고 의미 있는 텍스트를 자동으로 생성하는 기술이다. 보고서 작성, 요약, 챗봇, 소설 창작, 코드 작성 등 다양한 분야에서 활용될 수 있으며, 특히 콘텐츠 생성의 자동화에 혁신을 가져왔다. 예를 들어, 챗GPT에게 '딥러닝'을 주제로 한 재미있는 삼행시를 요청하면, 다음과 같이 재치 있는 결과물을 얻을 수 있다.

---

* 감성 분석은 텍스트의 전반적인 긍정적, 부정적 감성을 파악하는 데 중점을 두는 반면, 감정 분석Emotion Analysis은 특정 감정(예: 기쁨, 분노, 슬픔 등)을 식별하여 더 세부적으로 분석한다.

딥: 딥하게 파고드는 데이터의 바다,

러: 러시아워도 거뜬하게 예측하지,

닝: 닝겐(인간)의 상상을 초월하는 인공지능!

그림 2 - 9 노인과 함께하는 인공지능 로봇

대화형 시스템conversational system 은 일반적으로 인간과 컴퓨터 간의 자연어 대화를 자연스럽게 구현하는 모든 시스템을 포괄하며, 챗봇, 가상 비서, 고객 서비스 자동화 시스템 등이 이에 포함된다. 대화 시스템은 사용자의 발화를 이해하고 적절한 응답을 생성한다.

컴퓨터 비전
Computer Vision: CV

컴퓨터 비전은 컴퓨터가 이미지나 비디오와 같은 시각 정보를 분석하고 이해하는 기술 및 학문 분야를 의미한다. 이 기술의 목표는 컴퓨터가 인간의 시각 시스템처럼 시각 정보를 처리하여 유의미한 데이터를 추출하는 데 있다. 과거에는 SIFT*나 HOG*와 같은 전통적인 특징 추출 기법이 주로 사용되었으나, 이러한 방법들은 복잡한 이미지 패턴을 인식하는 데 한계가 있었다. 딥러닝, 특히 합성곱 신경망Convolutional Neural Network(이하 CNN)의 발전은 컴퓨터 비전의 핵심 동력이 되었다. 현재는 CNN과 트랜스포머* 기반의 딥러닝 모델이 널리 사용되고 있다.

딥러닝 기반 컴퓨터 비전 모델은 대규모 이미지 데이터를 통해 시각적 패턴을 학습하여 이미지를 이해하고 처리하는 데 사용된다. 이를 위해 이미지 전처리 과정에서 크기 조절, 색상 조정, 노이즈 제거 등을 수행하여 이미지를 최적화하고, 각 픽셀pixel*을 수치 데이터로 변환한다. 이후, 입력된 시각 데이터를 바탕으로 복잡한 시각적 패턴을 학습하고 이미지의 중요한 특징을

---

* SIFTScale-Invariant Feature Transform(크기 불변 특징 변환)는 이미지의 크기와 회선 변화에도 불변하는 특징점을 추출하는 알고리즘이다.

* HOGHistogram of Oriented Gradients(방향성 그래디언트(기울기) 히스토그램)는 이미지의 국소 영역에서 기울기 방향의 발생 빈도를 계산하여 객체의 형태를 인식하는 특징 추출 기법이다.

* 트랜스포머 모델은 원래 자연어 처리에서 문맥을 이해하기 위해 개발되었으나, 그 구조적 유연성 덕분에 컴퓨터 비전 분야에도 성공적으로 적용되고 있다.

* 컴퓨터 비전은 기본적으로 이미지를 픽셀pixel 단위로 분석한다. 이미지는 작은 점들, 즉 픽셀로 이루어져 있으며, 각 픽셀은 특정 색상(24비트 컬러)이나 밝기(8비트 흑백) 등을 나타낸다.

파악한다.

CNN 기반 모델은 합성곱 연산을 통해 지역적인 특징을 추출하고, 이를 조합하여 고수준의 의미를 점진적으로 학습한다. 반면, 트랜스포머 기반 모델은 패치 또는 윈도우 단위의 입력을 통해 전역적인global 관계를 한 번에 학습한다. 이러한 학습 과정은 이미지 분류, 객체 탐지, 이미지 세그멘테이션 등 다양한 시각적 작업에서 높은 성능을 발휘하도록 설계되었다.

컴퓨터 비전의 대표적인 신경망인 **CNN**은 컴퓨터 비전 분야에서 기본적이면서도 강력한 딥러닝 아키텍처로, 이미지에서 특징을 자동으로 추출하는 데 탁월한 성능을 보인다. 이미지 분류, 객체 탐지, 얼굴 인식, 의료 영상 분석, 자율주행차의 인식 시스템 등 다양한 컴퓨터 비전 분야에서 기반이 될 수 있으며 음성 처리, 자연어 처리 등 다른 영역에도 확장하여 적용될 수 있다.

CNN은 여러 레이어(층)를 거치며 이미지를 처리하고, 각 레이어는 이미지에서 다양한 특징을 추출한다. 초기 레이어에서는 모서리·색상·질감과 같은 단순한 특징을 추출하고, 이후 레이어에서는 물체의 형태나 얼굴과 같은 고차원적인 특징을 점차적으로 추출한다. 구체적으로 설명하면, 여러 개의 컨볼루션 레이어convolutional layer와 풀링 레이어pooling layer를 쌓아 올려 이미지

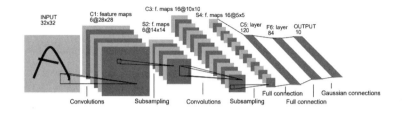

그림 2-10 LeNet-5의 CNN 아키텍처 @Yann LeCun et al., 1998

의 다양한 추상적인 특징을 계층적으로 추출한다. 먼저, 컨볼루션 레이어에서는 컨볼루션 연산을 통해 이미지의 작은 영역별로 컨볼루션 필터(커널)를 적용하여 패턴을 감지한다. 이 과정에서 생성된 특징 맵Feature Map은 이미지의 공간적 계층 구조를 보존하는 데 도움을 준다. 다음으로, 풀링 레이어는 특징 맵의 크기를 줄여 계산량을 감소시키면서도 중요한 특징은 유지되도록 한다. 일반적으로 맥스 풀링max pooling이 주로 사용되며, 이는 특징 맵 내에서 가장 큰 값만을 선택하여 정보를 압축하는 방법이다. 네트워크의 마지막 단계는 완전 연결 레이어Fully Connected layer · Fully Connected Network: FCN로, 이미지에서 추출된 특징을 기반으로 클래스 확률을 계산하여 최종 예측(분류) 작업을 수행한다.

　그림 2-10은 LeNet-5의 CNN 아키텍처로 초기 컴퓨터 비전 모

Persian cat 0.28730225563049316
Egyptian Mau 0.13162250816822052
window shade 0.11924456059932709
tabby cat 0.07229968905448914
tub 0.025821950286626816
tiger cat 0.023785971105098724
radiator 0.021969148889183998
television 0.02028052695095539
bucket 0.01454868633300066
vacuum cleaner 0.013918961398303509

그림 2-11 '페르시안 고양이'로 분류된 고양이

델 중 하나이다. 입력층에서 시작해 여러 컨볼루션 및 서브샘플링(풀링) 레이어를 거쳐 특징을 추출하고, 완전 연결 레이어를 통해 최종 출력층에 도달하는 과정을 나타내고 있다.

이미지 분류image classification는 입력된 이미지를 사전 정의된 여러 클래스(카테고리) 중 하나로 분류하는 작업이다. 이 과정에서 모델은 이미지에서 특징을 추출하고, 이를 바탕으로 가장 적합한 클래스를 예측한다. **그림 2-11**은 ResNet 모델[10]을 사용하여 이미지를 분류한 결과로, 상위 10개의 예측된 클래스와 해당 확률을 보여 준다.

이미지 분류 모델은 특정 이미지를 분석할 때 여러 가능성을 평가한 후, 가장 가능성이 높은 클래스를 선택한다. 이에 따르면 **그림 2-11**의 이미지는 28.73퍼센트의 확률로 '페르시안 고양이'

로 분류된다. 일반적으로 사용자에게는 가장 높은 확률로 예측된 클래스만 표시된다. 또한, 다른 예측 결과를 보면 모델이 해당 이미지를 주로 다양한 고양이 품종으로 인식했음을 알 수 있다.

그림 2-12 YOLO를 사용한 객체 탐지

객체 탐지object detection는 이미지 또는 비디오에서 여러 물체의 위치와 클래스를 식별하는 기술이다. 이 기술은 자율주행차, 안면 인식, 보안 감시 시스템 등 다양한 분야에서 활용된다. **그림 2-12**는 딥러닝 기반 실시간 객체 탐지 모델인 YOLO^You Only Look Once[11]를 사용하여 객체를 탐지한 결과이다. 고양이 두 마리와 개 한 마리의 위치와 클래스가 정확하게 식별되고 있다.

이미지 세그멘테이션image segmentation(이미지 분할)은 이미지를 픽셀 수준에서 세분화하여 각 픽셀을 해당 객체 또는 클래스에 할당하는 기술이다. 이 기술은 의료 영상(예: X-ray, MRI, CT 스캔

• 시맨틱semantic 세그멘테이션은 픽셀을 특정 클래스에 할당하는 작업이며, 인스턴스instance 세그멘테이션은 픽셀을 개별 객체에 할당하는 작업이다. 그림 2-13은 시맨틱 세그멘테이션의 결과를 보여 준다.

Original Image   Segmented Image

그림 2-13 딥러닝 기반 세그멘테이션 모델인 DeepLabV3를 사용한 이미지 세그멘테이션

등) 분석, 자율주행차의 시각 데이터 인식, 위성 이미지 분석 등에 활용된다.

음성 처리
Speech Processing

음성 처리는 컴퓨터가 인간의 음성을 분석, 처리, 이해하는 기술 및 학문 분야로, 음성인식, 음성합성 등을 포함한다.

음성인식speech recognition은 사람의 음성을 텍스트로 변환하는 기술이다. 예를 들어, 사용자가 "안녕하세요"라고 말하면, 컴퓨터는 이를 텍스트 "안녕하세요"로 변환한다. 이 기술은 가상 비서, 콜센터 자동화, 실시간 자막 생성 등에서 사용된다.

  음성인식 과정은 아날로그 음성 신호를 디지털 신호로 변환하는 것에서 시작된다. 마이크를 통해 입력된 음성 신호는 디지털화된 후, 작은 조각으로 나뉘어 각 조각의 특징이 분석된다. **그림 2-14**˙는 이 과정을 잘 보여 준다. 추출된 특징 벡터는 디코더decoder에서 실제 텍스트로 변환되며, 이때 음향 모델, 언어 모델, 어휘/발음 사전˙이 사용된다. 음향 모델acoustic model은 음성 신호와 음소˙(또는 다른 언어 단위) 간의 관계를 학습하여 입력된 음성을 텍스트로 변환하는 역할을 한다. 예를 들면, 모델은 'ㅏ' 소리

˙ 그림 2-14는 "안녕하세요. 만나서 반갑습니다"라는 음성 데이터의 주요 특징을 시각적으로 표현한 것이다. ⓐ 파형: 시간에 따른 음성 신호의 진폭 변화를 나타낸다. ⓑ 푸리에 변환: 음성 신호를 주파수 도메인에서 분석하여 푸리에 변환한 결과를 나타낸다. ⓒ 스펙트로그램: 시간과 주파수에 따른 음성 신호의 에너지를 색상으로 표현한 것이다. ⓓ MFCC: 멜 주파수 켑스트럼 계수MFCC를 시각화하여 음성 신호의 주파수 성분을 저차원 공간으로 변환한 특징을 보여 준다.

˙ 어휘/발음 사전은 단어와 그 발음 간의 관계를 정의한 사전이다. 이는 언어학자, 연구기관, 기술 기업 등 다양한 주체에 의해 만들어지고 유지 관리된다.

˙ 음소音素 · phoneme는 언어에서 의미를 구별하는 가장 작은 소리 단위다. 예를 들어, 영어에서 'fan'과 'van'의 차이를 만드는 /f/와 /v/는 각각 음소에 해당한다. 한국어에서는 '발'과 '팔'의 차이를 만드는 /ㅂ/와 /ㅍ/가 음소이다. 음소는 그 자체로 의미를 가지지 않지만, 단어의 의미를 구분하는 데 중요한 역할을 한다.

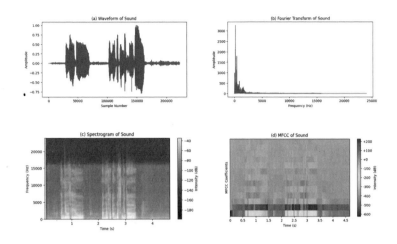

그림 2-14 음성 신호의 특징 추출 과정

가 특정한 파형으로 표현된다는 것을 학습하게 된다.┇

음성합성speech synthesis은 텍스트를 음성으로 변환하는 기술로,

가상 비서, 오디오북, 시각장애인을 위한 접근성 도구 등 다양한

분야에서 활용된다. 이 기술은 먼저 텍스트를 분석하여 발음할

단어와 문장 구조를 파악한 후, 딥러닝 모델을 사용하여 자연스

러운 음성을 생성한다.

┇ 음향 모델 학습은 전통적으로 히든 마르코프 모델Hidden Markov Model(이하 HMM)을
사용해 왔으나, 최근에는 딥러닝 기반 모델이 주로 사용되고 있다. 딥러닝 기반 음
향 모델은 HMM보다 우수한 성능을 제공하는 것으로 평가받는다.

음성 변환voice conversion은 한 사람의 음성을 다른 사람의 음성으로 변환하는 기술이다. 가상 비서, 언어 학습, 엔터테인먼트 등 다양한 분야에서 사용될 수 있다.

음성 변환 과정은 다음과 같다. 먼저, 입력 음성에서 주파수, 피치pitch(음의 높낮이), 음색(소리의 특유한 성질) 등의 특징을 추출한다. 다음 단계에서 추출된 특징을 목표 음성의 특징으로 변환한다. 이 변환 규칙은 딥러닝 모델을 사용하여 학습시킬 수 있다. 마지막으로, 변환된 특성을 사용하여 새로운 음성을 생성한다.

화자 인식speaker recognition은 음성 신호를 통해 화자가 누구인지 식별하는 기술이다. 주로 특정 화자가 맞는지 확인하는 화자 인증speaker verification과, 여러 화자 중 누구인지 식별하는 화자 식별speaker identification로 나뉜다. 이 기술은 보안 인증 시스템 등 다양한 분야에서 사용된다.

음성 감정 인식emotion recognition은 화자의 음성에서 감정을 추출하는 기술이다. 목소리의 톤, 속도, 억양 등을 분석해 기쁨, 슬픔, 분노 등의 감정을 감지할 수 있다. 고객 서비스, 심리 상담, 헬스케어 등의 분야에서 활용될 수 있다.

이러한 기술들은 딥러닝과 같은 첨단 기술을 기반으로 지속적으로 발전하고 있으며, 그 결과 인간과 기계의 상호작용이 더욱 자연스럽고 효율적으로 진화하고 있다. 이러한 발전을 이끌고 있는 주요 동력은 지속적인 데이터 학습, 모델의 대형화, 그리고 다양한 형태의 데이터를 통합하는 멀티모달multimodal 학습이다. 특히, 멀티모달 학습은 이미지, 텍스트, 음성 등 다양한 유형의 데이터를 통합하여 처리하여 더욱 심층적인 정보를 추출한다. 이를 통해 기계는 인간처럼 복잡한 상황을 이해하고, 다양한 데이터 소스 간의 상호작용을 통해 의사소통의 정확도를 높인다. 멀티모달 시스템은 이미지와 언어를 동시에 분석하여 시각적 정보와 문맥적 정보를 결합하고, 사용자의 의도를 더욱 정확하게 파악하여 좀 더 풍부한 사용자 경험을 제공할 수 있다.

3장

디지털 트랜스포메이션과
혁신의 물결

가장 심오한 기술은 사라지는 기술입니다.
그들은 일상생활의 일부가 되어 구분할 수 없을 정도로
스며듭니다.

The most profound technologies are those that disappear.
They weave themselves into the fabric of everyday life
until they are indistinguishable from it.

- 마크 와이저Mark Weiser

디지털 트랜스포메이션Digital Transformation

디지털 트랜스포메이션은 '조직 내 또는 조직의 운영 환경에서 디지털 기술의 도입으로 인해 발생하는 업무 방식, 역할, 비즈니스 제공 방식의 변화'로 정의될 수 있다. 디지털 트랜스포메이션*은 기술, 특히 디지털 기술을 활용하여 조직의 모든 측면을 재정비하고 혁신하는 과정이다. 이는 비즈니스모델, 운영 방식, 회사 문화, 고객 경험 등 다양한 분야에 영향을 미친다. 단순히 기술 도입에 그치지 않고, 변화하는 시장 환경과 고객 니즈에 대응하여 새로운 가치 창출과 지속 가능한 성장을 추구하는 전략적 변화를 의미한다.

주요 요소

디지털 트랜스포메이션의 중심에는 최신 디지털 **기술**이 있다. 클라우드 컴퓨팅,* 빅데이터, 인공지능,

---

* 디지털 트랜스포메이션은 DT, DX, 디지털 (대)전환 등 다양한 용어로 불리고 있다.

‡ 클라우드 컴퓨팅은 인터넷을 통해 원격 서버에서 데이터 처리, 저장, 관리 등의 작업을 수행하는 기술이다. 컴퓨팅 자원을 가상화하여 물리적 서버 없이도 대규모 데이터 처리와 분석이 가능하다.

블록체인; 사물인터넷 등의 최신 기술을 적극적으로 활용함으로써 효율성과 생산성을 향상시킬 수 있다. 이 기술들은 기존의 운영 방식을 혁신하고, 새로운 가능성을 열어 준다. 예를 들어, 은행은 인공지능 챗봇을 사용하여 고객의 은행 거래 및 문의 사항

그림 3-1 인공지능 챗봇으로 간편해진 상담 서비스

을 자동으로 처리하고 신속한 응답을 제공할 수 있다. 클라우드 컴퓨팅은 유연성과 확장성을 제공하여 기업의 IT 인프라를 효율적으로 관리할 수 있게 한다.

디지털 트랜스포메이션은 기존의 업무 **프로세스**를 디지털화하고 자동화하는 것을 포함한다. 업무 자동화는 반복적이고 수작업이 필요한 업무를 줄여 효율성을 높인다. 예를 들어, 로봇 프로세스 자동화Robotic Process Automation(이하 RPA)는 데이터를 입력하고

• 블록체인은 여러 컴퓨터가 함께 거래 기록을 안전하게 보관하고 관리하는 기술로, 데이터를 한 번 저장하면 변경하기 어렵다. 이를 통해 누구나 거래 기록을 신뢰할 수 있게 만든다.

‡ RPA는 소프트웨어 로봇을 사용하여 반복적이고 규칙적인 비즈니스 프로세스를 자동화하는 기술이다.

처리하는 등의 단순 작업을 자동으로 수행하여 인력의 효율성을 높인다. 디지털 워크플로우Digital workflow[*]는 업무 절차를 전자문서 시스템으로 전환하여 운영 속도를 향상시킨다. 또한, 데이터 기반 의사결정은 대규모 데이터분석을 통해 인사이트를 도출하고, 이를 바탕으로 더 정확하고 신속한 의사결정을 내리는 데 도움이 된다. 이는 기업이 시장 변화에 빠르게 대응하고 경쟁 우위를 유지하는 데 필수적이다. 예를 들어, 실시간 데이터분석으로 재고 관리의 효율성을 높이거나, 고객의 행동 패턴을 분석하여 마케팅 전략을 최적화할 수 있다. 이러한 프로세스의 디지털화는 생산성과 효율성을 극대화하는 데 중요한 역할을 한다.

또한, 디지털 트랜스포메이션은 **고객 경험**을 중심으로 한 접근 방식을 채택한다. 디지털 기술을 활용하여 고객 데이터를 분석하고, 이를 기반으로 맞춤형 서비스를 제공한다. 모바일 앱 · 웹사이트 · 소셜미디어 등 다양한 디지털 채널을 통해 고객과 상호작용하며, 실시간 지원으로 고객만족도를 높일 수 있다. 예를 들어, 챗봇을 이용한 24시간 고객 서비스, 고객의 구매 패턴 분

---

[*] 디지털 워크플로우는 비즈니스 프로세스를 디지털화하여 자동화하고 최적화함으로써 작업의 효율성을 높이고 협업을 강화하는 시스템이다.

석을 바탕으로 한 개인화된 추천
상품 제공 등이 있다. 이러한 고
객 경험의 향상은 고객 충성도를
높이고, 지속적인 비즈니스 성장
을 이끌어 낸다.

기술뿐만 아니라 **사람**과의 상
호작용도 중요하다. 조직 내 직원

그림 3-2 디지털 역량 강화를 위한 교육

들의 디지털 역량을 강화하는 것
은 필수적이다. 교육과 훈련 프로그램을 통해 새로운 기술과 도
구를 익히게 하고, 변화 관리 전략을 수립하여 디지털 트랜스포
메이션에 대한 저항을 최소화해야 한다. 강력한 리더십이 필요하
며, 경영진은 디지털 트랜스포메이션의 비전을 명확히 제시하고,
이를 실현하기 위한 전략을 세워야 한다. 직원들의 참여와 협력
이 성공적인 디지털 트랜스포메이션의 열쇠다.

디지털 트랜스포메이션의 성공은 기술, 프로세스, 고객 경험,
사람 등의 요소가 유기적으로 결합되어 이루어지며, 이를 통해
조직은 더 큰 경쟁력을 갖출 수 있다. 기술적 발전과 더불어 조직
의 문화와 프로세스가 함께 진화해야 하며, 모든 구성원이 디지
털 트랜스포메이션의 목표와 방향성을 공유하고 협력해야 한다.

중요성

경쟁력 강화 측면에서 디지털 트랜스포 메이션은 기업이 시장에서 우위를 점하기 위해 필수적으로 갖추어야 할 전략이다. 현대의 글로벌 시장은 기술 발전과 함께 급변하고 있으며, 이에 따라 경쟁 또한 더욱 치열해지고 있다. 디지털 기술을 활용하지 않는 기업은 빠르게 변화하는 시장 환경에 적응하지 못하고 도태될 위험이 크다. 디지털 기술을 활용하여 제품과 서비스를 혁신하고, 고객에게 더 나은 경험을 제공하는 기업이 경쟁에서 우위를 점할 수 있다. 예를 들어, 전통적인 소매업체가 디지털 트랜스포메이션을 통해 온라인 쇼핑 플랫폼을 구축하고, 인공지능을 활용한 개인 맞춤형 서비스와 같은 새로운 고객 경험을 제공함으로써, 오프라인에서 온라인으로 전환하는 소비자 트렌드에 대응할 수 있다. 이를 통해 고객 유치와 유지, 그리고 매출 증대를 꾀할 수 있다.

효율성 증대 및 비용 절감 측면에서도 디지털 트랜스포메이션은 중요하다. 디지털 기술은 업무 프로세스를 자동화하고, 데이터를 실시간으로 분석해 신속한 의사결정을 가능하게 한다. 이는 기업 운영의 효율성을 극대화하고, 비용 절감을 통해 수익성을 높이는 데 중요한 역할을 한다. 예를 들어, 클라우드 컴퓨팅

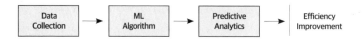

그림 3-3 머신러닝의 예측 분석을 통한 운영 효율성 향상

을 도입하면 데이터 저장과 집근이 용이해지고, 이를 기반으로
한 실시간 데이터분석은 빠르고 정확한 비즈니스 결정을 지원한
다. 또한, 머신러닝 알고리즘을 사용해 예측 분석을 수행함으로
써 운영 효율성을 크게 향상시킬 수 있다. 소매업체는 머신러닝
을 사용해 고객의 구매 패턴을 분석하고, 향후 수요를 예측할 수
있다. 이를 바탕으로 재고를 최적화하고, 불필요한 재고 비용을
줄이며, 고객의 요구를 좀 더 정확하게 충족시킬 수 있다. 이러
한 기술 도입은 시간과 비용을 절감시키고 더 중요한 작업에 집
중할 수 있게 한다.

혁신과 성장 촉진 측면에서 디지털 트렌스포메이션은 기업이
새로운 비즈니스모델을 개발하고, 신시장에 진출하는 데 필요한
기반을 제공한다. 디지털 기술을 활용한 혁신은 기존의 한계를
뛰어넘어 새로운 기회를 창출하고, 기업의 성장을 도모할 수 있
게 한다. 예를 들어, 사물인터넷 기술을 적용하여 제품과 서비스
를 연결하여 스마트 제품을 개발하거나, 블록체인 기술을 활용

하여 거래의 투명성과 신뢰성을 높이는 등 다양한 혁신이 가능하다. 이러한 디지털 혁신은 새로운 시장 진출과 사업 확장을 가능하게 하며, 지속 가능한 성장의 중요한 동력이 된다.

고객만족도 향상 측면에서 디지털 트랜스포메이션은 기업이 고객과의 상호작용 방식을 혁신하는 데 중요한 역할을 한다. 디지털 기술을 활용하면 고객의 요구와 선호도를 좀 더 정확하게 이해하고, 개인화된 경험을 제공할 수 있다. 예를 들어, 빅데이터분석을 통해 고객의 구매 패턴과 선호도를 파악하고, 이를 기반으로 맞춤형 제품 추천과 마케팅 전략을 구현할 수 있다. 디지털 기술을 활용한 고객 경험 개선은 고객 충성도를 높일 수 있다. 만족한 고객은 장기적인 관계를 유지하고 긍정적인 평판을 형성하는 데 기여한다.

리스크 관리와 유연성 향상 측면에서 디지털 트랜스포메이션은 기업이 외부 환경 변화에 신속하게 대응하고, 비즈니스 연속성을 유지하는 데 기여한다. 디지털 기술을 활용하면 데이터 기반의 예측 분석을 통해 리스크를 사전에 인지하고, 이에 대한 대응 전략을 수립할 수 있다. 또한, 클라우드 기반의 IT 인프라는 비즈니스 연속성을 지원하며, 재해 복구와 데이터 보호를 통해 기업의 운영 안정성을 보장한다. 이는 기업이 예상하지 못한 상황에서도 유연하게 대응하고, 안정적인 비즈니스 운영을 유지하는 데 중요한 역할을 한다.

디지털 트랜스포메이션은 현대 비즈니스 환경에서 필수적인 요소로, 기업이 지속 가능한 성장을 위해 반드시 도입해야 하는 전략적 접근 방법이다. 이를 통해 기업은 변화하는 시장 환경에 적응하고, 미래의 불확실성에 대비할 수 있으며, 궁극적으로 장기적인 성공을 달성할 수 있다.

다양한 분야별 혁신 사례

아마존Amazon

비즈니스에서는 속도가 중요합니다. 많은 결정과 행동은 되돌릴 수 있으며, 광범위한 연구가 필요하지 않습니다. 우리는 신중한 위험 감수를 중요하게 생각합니다.[2]

_ 아마존의 리더십 원칙 中 '행동 지향Bias for Action'

---

* 원문은 다음과 같다. "Speed matters in business. Many decisions and actions are reversible and do not need extensive study. We value calculated risk taking."

그림 3-4 책과 디지털 북 리더기

아마존의 디지털 트랜스포메이션은 기술혁신뿐만 아니라 고객 중심의 서비스, 물류 및 배송 네트워크 최적화, 새로운 비즈니스 모델의 탐색과 실현을 통해 전 세계 기업들에게 영향을 미친 선례이다. 이러한 전략들은 아마존을 단순한 온라인 소매업체에서 글로벌 기술혁신의 선두 주자로 변모시켰다.

온라인 소매업의 선구자인 아마존은, 1994년 책을 판매하는 온라인 서점으로 시작하여 다양한 상품으로 온라인 판매 범위를 확장했다. 이를 통해 전 세계적으로 온라인 쇼핑의 대중화를 이끌었고, 현재는 세계적인 전자상거래 기업이 되었다.

아마존의 AWS Amazon Web Services(이하 AWS)는 클라우드 컴퓨팅 분야에서 선도적인 역할을 하며 많은 기업의 디지털 트랜스포메이션을 지원하고 있다. **그림 3-5**[3]에서 볼 수 있듯이, AWS는 아마존의 주요 수익원이 되었다. AWS는 기업들이 인프라를 구축하고 관리하는 번거로움을 줄여 주고, 확장 가능한 컴퓨팅 자원을 제공한다.

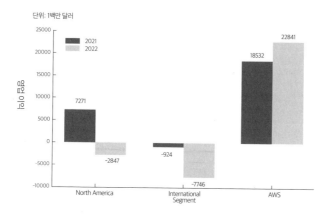

단위: 1백만 달러

그림 3-5 2021년과 2022년 아마존의 사업 부문별 영업이익

인공지능 기술은 아마존의 디지털 트랜스포메이션에서 핵심적인 요소다. 아마존의 추천 시스템은 머신러닝 알고리즘을 활용하여 고객에게 개인화된 상품을 추천하고, 가상 비서 알렉사 Alexa는 자연어 처리 기술을 통해 사용자의 음성 명령을 이해하고 실행한다.

또한, 아마존은 키바 시스템즈Kiva Systems를 인수한 후 창고 내 로봇 자동화를 도입하여 물류 효율성을 크게 향상시켰다. 이 로봇들은 창고 내에서 제품을 이동시키고, 포장 및 배송 프로세스를 가속화한다.

고객 경험을 개선하기 위한 디지털 혁신도 도입하였다. 예를

그림 3-6 아마존 고 매장 @Wikimedia

들어, 아마존 고Amazon Go 오프라인 매장은 컴퓨터 비전 등의 인
공지능 기술을 활용하여 무인 계산대 시스템을 구현함으로써,
고객이 계산대를 거치지 않고 물건을 구매할 수 있도록 하였다.

넷플릭스Netflix

넷플릭스는 즐거운 세상을 만들고 싶습니다. 어디에 살든 어떤
취향을 가졌든 상관없이 넷플릭스에서는 업계 최고의 시리즈,
다큐멘터리, 장편영화, 게임을 만날 수 있습니다. 회원들은 단순
한 멤버십 하나로 언제든 원하는 콘텐츠를 즐길 수 있습니다. 넷
플릭스는 30여 개 언어로 190개국에서 스트리밍 서비스를 제공

하고 있습니다. 위대한 이야기는 어디서든 생겨날 수 있고 어디서든 사랑받을 수 있기 때문입니다. 넷플릭스는 엔터테인먼트를 사랑하는 세계 최고의 팬으로서, 회원들이 좋아할 만한 이야기를 꾸준히 전하고자 항상 노력하고 있습니다.[4]

전통적인 방송 및 엔터테인먼트 산업을 혁신하고 세계적 성공을 거둔 대표적인 사례 중 하나가 넷플릭스다. 넷플릭스는 기존의 비즈니스모델을 전환하고, 기술혁신을 바탕으로 새로운 시장 기회를 창출함으로써 글로벌 엔터테인먼트 산업의 선두 주자로 자리 잡았다. 넷플릭스의 전략과 혁신은 여러 후발 주자들에게도 영향을 주고 있다.

　넷플릭스는 처음에 DVD 대여 회사로 시작*했으나, 디지털 트랜스포메이션을 통해 **온라인** 스트리밍 플랫폼으로의 전환을 시도했다. 구독 기반 모델을 도입하여 고객들에게 무제한 콘텐츠 시청을 제공함으로써, 전통적인 TV방송 및 영화 산업의 패러다

---

* 1997년, 리드 헤이스팅스Reed Hastings와 마크 랜돌프Marc Randolph는 우편으로 DVD를 배달하는 사업을 구상했다. 그들은 DVD가 손상 없이 배달되는 것을 확인했고, 이는 오늘날 넷플릭스를 탄생시킨 아이디어가 되었다. 넷플릭스는 2023년 9월, 마지막 DVD를 발송하며 이 서비스를 종료했다.

그림 3-7 넷플릭스의 초기 DVD 대여 서비스
@Netflix

임을 변화시켰다. 이는 인터넷 기술의 발전과 소비자들의 변화하는 미디어 소비 패턴을 반영한 결정이었으며, 디지털 기술을 활용하여 고객에게 새로운 가치를 제공한 대표적인 사례다.

또한, 넷플릭스는 사용자의 시청 이력과 선호도, 평가 등의 데이터를 분석하여 맞춤형 콘텐츠 추천 시스템을 구축했다. 이는 사용자 경험을 개인화하여 만족도를 높이고, 고객 충성도를 강화했으며, 콘텐츠 소비를 촉진했다. 강력한 데이터분석은 자체 제작할 콘텐츠를 결정하는 데에도 활용되었다.

클라우드 컴퓨팅 서비스를 도입하여 글로벌 스트리밍 인프라를 혁신하기도 했다. AWS를 사용하여 확장성과 안정성을 확보함으로써, 전 세계에 걸쳐 원활한 스트리밍 서비스를 제공했다. 이는 급증하는 트래픽을 효율적으로 처리하고, 데이터센터 운영 비용과 유지보수를 절감하는 데 기여했다. 클라우드 서비스는 넷플릭스가 글로벌 시장에서 빠르게 확장하고 경쟁력을 유지하는 데 중요한 역할을 했으며, 지속적인 기술혁신과 사용자 중심

전략을 가능하게 했다.

스타벅스Starbucks

우리가 하는 모든 일에는 우리의 사명이 깃들어 있습니다. 한 잔의 커피, 모든 대화, 모든 커뮤니티를 통해 인간 연결의 무한한 가능성을 키워 나갑니다. [5]

스타벅스의 디지털 트랜스포메이션은 고객 경험을 향상시키고 브랜드 충성도를 높이는 데 주요한 역할을 하고 있다. 이를 통해 스타벅스는 전통적인 커피 산업에서 고객 중심의 혁신적인 기업으로 성장하고 있으며, 디지털 기술을 적극적으로 활용하여 경쟁 우위를 유지하고 있다. [6]

첫째, 모바일 주문 및 결제 시스템인 사이렌오더Siren Order를 도입하여 고객 경험을 크게 개선했다. 고객들은 스타벅스 앱으로 미리 주문하고 결제할 수 있으며, 매장에서 대기 시간을 줄

---

[*] 원문은 다음과 같다. "In everything we do, we are always dedicated to Our Mission: With every cup, with every conversation, with every community - we nurture the limitless possibilities of human connection."

그림 3-8 스타벅스의 모바일 커피 경험

일 수 있다. 이 시스템은 매장 내 혼잡을 줄이고 주문 처리 속도를 높여 고객의 편의를 극대화했다. 모바일 주문 및 결제 기능은 2024년 1분기 기준으로 전체 거래의 30퍼센트를 넘을 정도로 큰 인기를 끌고 있다.[7]

둘째, 스타벅스 리워드 프로그램은 고객 충성도를 높이는 핵심 요소다. 고객은 앱을 이용해 주문할 때마다 별(포인트)을 적립하고, 일정 수준의 별을 모으면 무료 음료 등 다양한 혜택을 받을 수 있다. 나아가 스타벅스의 로열티 프로그램은, 인공지능 기반의 '딥 브루Deep Brew' 플랫폼을 통해 고객 데이터를 분석하여 개인 맞춤형 혜택을 제공함으로써, 고객이 더 자주 방문하고 더 많은 금액을 소비하도록 유도하고 있다.

셋째, 고객 데이터를 분석하여 개인화된 마케팅 전략을 채택하고 있다. 고객의 구매 이력, 선호도, 위치 정보를 바탕으로 맞춤형 제안과 프로모션을 제공함으로써 고객만족도를 높이고 있다. 예를 들어, 특정 고객 그룹을 대상으로 한 맞춤형 오퍼를 통해 비정기 방문 고객을 리워드 회원으로 전환하는 데 주력하고 있다.

마지막으로, 데이터 기반 의사결정으로 다양한 비즈니스 영역에서 최적화를 이루고 있다. 신규 매장 위치 선정, 재고inventory 관리, 고객 서비스 개선 등 다양한 분야에 데이터분석을 적용하여 효율성을 높이고 있다. 이러한 데이터 기반 접근 방식은 스타벅스의 성공적인 디지털 트랜스포메이션을 뒷받침하고 있다.

JP모건 체이스JPMorgan Chase

결국, 모든 것은 사람에게 달려 있습니다. 승리하는 팀과 자립적인 문화를 만드는 것은 많은 노력이 필요하며, 이를 대체할 수 있는 것은 없습니다. 팀이 승리하는 것은 새 경기장이나 멋진 유니폼 때문이 아닙니다. 최고의 팀 중 일부는 가장 재능 있는 선수들을 보유하지 못하기도 합니다. 팀이 성공하는 이유는 그들이 규율을 지키고, 협력하며, 일관되게 실행하고, 승리에 대한 열정을 가지고 있기 때문입니다.[8]

_ JP모건 체이스의 사업 원칙 中 '위대한 팀과 승리 문화'

JP모건 체이스는 세계에서 가장 오래된 은행 중 하나이자 미국 최대 은행으로, 디지털 트랜스포메이션 전략을 통해 첨단 기술을 도입하여 고객 경험을 개선하고 운영 효율성을 증대시키는 데 중점을 두고 있다. 이러한 접근 방식은 글로벌 금융 서비스 산업에서의 경쟁력을 강화시키고, 디지털 시대에 적합한 혁신적인 서비스를 제공하는 데 기여하고 있다.

이 은행은 고객 중심의 디지털 경험을 제공하는 데 주력하고 있다. 모바일뱅킹과 온라인 플랫폼을 발전시켜 고객들이 언제 어디서나 금융 서비스를 이용할 수 있게 하였다. 예를 들어, 체이스 모바일 앱과 온라인뱅킹 플랫폼 내에서 젤Zelle을 이용한 P2PPeer-to-Peer(개인 간) 결제 서비스 '체이스 퀵페이Chase QuickPay'를 만들어, 효율적이고 안전한 개인 간 송금을 가능하게 하였다. 이를 통해 사용자 편의성과 보안을 강화한 디지털 결제 서비스를 제공하고 있다.

JP모건 체이스의 디지털 트랜스포메이션은 애플리케이션 현대화, 인프라 현대화, 엔지니어링 개선, 데이터와 인공지능 활용이라는 네 가지 핵심 축을 중심으로 진행되고 있다. 2023년 기준으로 애플리케이션 측면에서는 2017년 이후 2,500개 이상의 레거시 애플리케이션을 폐기하고, 2022년 대비 14퍼센트 증가한

560개 이상의 SaaS* 애플리케이션을 도입했다. 인프라 측면에서는 60퍼센트의 애플리케이션을 새로운 데이터센터로 이전하여 30퍼센트 더 효율적인 운영을 실현했고, 전체 인프라의 38퍼센트를 클라우드로 이전했다. 엔지니어링 측면에서는 4만 3천 명의 엔지니어에게 현대적인 도구를 제공하여 생산성을 높였다. 데이터와 인공지능 측면에서는 약 9백 명의 데이터과학자, 6백 명의 머신러닝 엔지니어, 약 1천 명의 데이터 관리 인력, 2백 명의 AI 연구팀을 보유하고 있다.[9]

또한, 이 은행은 지속적으로 기술에 투자해 오고 있다. 2023년 기준으로 기술에 140억 달러를 지출하였는데, 그중 약 절반을 새로운 기술 도입과 기존 시스템의 현대화에 투자했다. 이러한 노력 덕분에 JP모건 체이스는 금융 서비스 분야에서 상업용 인공지능 도입과 성과를 평가하는 벤치마크인 에비던트 AI 지수 Evident AI Index에서 2년 연속 1위를 차지했다.[10] 이는 인공지능과 데이터를 활용해 고객 경험을 향상시키고 운영 효율성을 극대화

---

* SaaSSoftware as a Service는 인터넷을 통해 소프트웨어를 제공하는 서비스 모델로, 사용자들은 설치 없이 웹브라우저를 통해 소프트웨어를 사용할 수 있다. 예로 클라우드 기반 협업 도구인 마이크로소프트Microsoft 365가 있다.

‡ Evident의 최신 평가에는 북미, 유럽, 아시아태평양 지역의 대형 은행 50개가 포함되었으며, 2023년 1월에 발표된 최초 지수에는 23개 은행이 포함되었다.

한 결과다.

JP모건 체이스의 디지털 트랜스포메이션은 책임 있는 인공지능 사용을 강조하며 진행되고 있다. 윤리학자, 데이터과학자, 엔지니어, 인공지능 연구원, 리스크 및 통제 전문가로 구성된 학제간 팀을 구성해, 인공지능의 위험을 평가하고 적절한 통제 장치를 구축하고 있다. 이는 의도하지 않은 오용을 방지하고, 규제를 준수하며, 고객 및 커뮤니티와의 신뢰를 증진시키기 위한 노력이다. JP모건 체이스는 생성형 인공지능의 잠재력을 인식하고 있지만, 책임 있는 방식으로 구현될 때까지 신중한 접근을 취하고 있다. 이러한 접근은 JP모건 체이스가 혁신을 추구하면서도 금융기관으로서의 책임과 신뢰를 균형 있게 유지하려는 노력을 보여 준다.

나이키|Nike

우리는 아이들, 전문가, 꿈꾸는 사람들, 여성, 팀, 코치, 남성, 초보자, 소녀들, 반항아, 그리고 운동선수*를 위해 봉사합니다. (*몸이 있다면, 당신은 운동선수입니다.)[11]

나이키의 디지털 트랜스포메이션은 기존의 스포츠 용품 및 의류

브랜드에서 현대적인 디지털 기술을 통합한 글로벌 브랜드로 전환하는 과정을 포함한다. 이 과정은 고객 경험 강화와 디지털 기술의 통합을 통해 이루어지고 있다. 2020년 나이키는 장기적 성장과 수익성을 실현하기 위한 전략의 일환으로 'Consumer Direct Acceleration(소비자 직접 가속화)'를 발표했다.[12]

첫째, 나이키는 디지털 판매 채널을 강화하여 고객과의 직접적인 상호작용을 늘리고 있다. 2023년 기준 디지털 매출이 전체 매출의 26퍼센트를 차지했는데, 이는 2019년의 10퍼센트에서 크게 증가한 수치다. 나이키는 2025년까지 디지털 매출 비중을 40퍼센트까지 끌어올릴 계획이다. 나이키의 CEO인 존 도나호John Donahoe는 2022년 "소비자가 오늘날 가장 귀중한 디지털 부동산인 휴대전화 홈 화면에 우리를 배치하기로 한 선택을 우리는 가볍게 여기지 않는다"고 강조하며 앱의 중요성을 언급했다.[13]

둘째, 개인화된 경험을 제공하기 위해 여러 고객 맞춤형 앱을 운영하고 있다. 고객들은 나이키의 맞춤형 제품 제작 서비스 'Nike By You'를 이용해, 자신만의

그림 3-9 디지털 혁신의 나이키 운동화

그림 3-10 나이키와 함께하는 맞춤형 러닝

독특한 나이키 제품을 디자인할 수 있다. 또한, 무료 피트니스 앱 '나이키 트레이닝 클럽Nike Training Club: NTC'은 다양한 운동 프로그램과 건강 관련 콘텐츠를 제공한다. 러닝 관련 앱 및 커뮤니티 서비스인 '나이키 런 클럽Nike Run Club: NRC'은 단순한 러닝 트래킹 도구를 넘어서 개인의 성장을 돕고, 지원 커뮤니티의 중심이 되며, 러너들의 동기를 부여하고 기술을 향상시키는 종합적인 리소스resource로 기능하고 있다.

마지막으로, 데이터분석과 인공지능을 활용해 고객 행동을 분석하고, 이를 바탕으로 전략을 수립하고 있다. 2021년에는 데이터 통합 플랫폼 스타트업인 데이터로그Datalogue를 인수했으며, 이에 앞서 2018년과 2019년에는 소비자 데이터분석 회사 조디악Zodiac과 예측 분석 회사 셀렉트Celect를 인수했다.[14] 이러한 투자를 통해 나이키는 고객 행동을 더 잘 이해하고 구매 결정을 예측할 수 있게 되었다.

마이크로소프트 Microsoft

> 마이크로소프트의 사명은 지구상의 모든 사람과 모든 조직이
> 더 많은 것을 성취할 수 있도록 역량을 지원하는 것입니다. [15]

마이크로소프트의 디지털 트랜스포메이션은 기존의 소프트웨어 중심 회사에서 클라우드 기반 서비스와 인공지능 솔루션 중심의 비즈니스로 전환하는 과정을 포함한다. 이는 기존 제품 중심의 비즈니스모델을 서비스 및 솔루션 중심으로 재구성하여 클라우드 컴퓨팅 및 인공지능 분야의 선두 주자로 자리매김하는 것을 목표로 한다. 이 과정에서 마이크로소프트 365와 애저Azure 클라우드 플랫폼은 디지털 트랜스포메이션을 원하는 다른 기업들에게 변화의 촉매 역할을 하며 포괄적인 생태계를 제공하고 있다.

첫째, 마이크로소프트의 디지털 트랜스포메이션에서 가장 두드러진 변화는 클라우드 컴퓨팅의 도입이다. 마이크로소프트 애저는 클라우드 플랫폼으로서 데이터 저장, 분석, 애플리케이션 개발 및 배포를 효율적으로 수행할 수 있는 다양한 서비스를 제공한다. 애저의 확장성, 유연성, 보안성은 다양한 산업 분야에서 혁신을 가능하게 하였으며, 특히 '애저 AIAzure AI'를 통해 기업들

이 인공지능 모델을 쉽게 개발하고 배포할 수 있도록 지원하고 있다. 애저 AI는 이미지 인식, 자연어 처리, 예측 분석 등의 기능을 제공하며, 이를 이용하여 기업들은 다양한 비즈니스 문제를 효과적으로 해결할 수 있다.

둘째, 협업 도구와 생산성 소프트웨어 강화를 통해 고객 경험과 비즈니스 프로세스 최적화에도 큰 영향을 미쳤다. 마이크로소프트 365는 클라우드 기반의 생산성 소프트웨어 제품군으로, 워드 · 엑셀 · 파워포인트 · 아웃룩 등의 도구와 협업 및 보안 기능을 포함하여 비즈니스 및 개인 사용자의 업무 효율성을 극대화한다. 이 도구는 업무 효율성을 높이고, 직원 간의 소통을 원활하게 하며, 궁극적으로 조직의 생산성을 향상시킬 수 있다.

마지막으로, 인공지능 기술을 바탕으로 비즈니스 프로세스의 혁신, 고객 경험 개선, 운영 효율성 극대화 등을 이루고 있다. 마이크로소프트 365 코파일럿Copilot, 애저 AI, Dynamics 365, Bing 등 다양한 제품과 서비스에 인공지능을 통합하여, 기업들이 더 효과적이고 창의적으로 업무를 수행할 수 있도록 지원하고 있다. 마이크로소프트 365 코파일럿은 문서 작성, 데이터분석, 프레젠테이션 준비 등 다양한 작업을 자동화하고 효율성을 극대화하며, Dynamics 365는 CRM 및 ERP 시스템에 인공지능을 통합하여 고객 관계 관리와 기업 자원 관리를 혁신한다. Bing은 검색 정확도를 높이고, 사용자 경험을 개선하며, 예측 검색 및 추천 시스템을 제공한다.

우버 Uber

> *우리는 세상이 더 나은 방향으로 움직이는 방법을 재상상합니다.*[16]
> — 우버의 사명 선언문

우버의 디지털 트랜스포메이션은 모빌리티 산업에 혁명적인 변화를 일으켰다. 기존의 택시 서비스 모델을 재정의하고, 디지털 플랫폼을 통해 새로운 형태의 이동 서비스를 제공했다. 우버는 자산을 소유하지 않는 플랫폼 기업으로서, 유휴자원인 개인 차량과 운전자의 시간을 효율적으로 활용하는 공유경제의 대표적 사례가 되었다. 이러한 모델은 진입장벽을 낮추고 유연한 근무 형태를 가능하게 하여 새로운 일자리를 창출했다.

첫째, 우버의 디지털 트랜스포메이션의 핵심은 플랫폼 비즈니스모델 혁신에 있다. 우버는 전통적인 택시 산업을 파괴적으로

---

* 원문은 다음과 같다. "We reimagine the way the world moves for the better."

그림 3-11 우버 택시: 유휴자원의 재발견

혁신하며, 승객과 운전자를 연결하는 디지털 플랫폼을 구축했다. 이를 통해 우버는 차량 소유 없이도 글로벌 모빌리티 서비스를 제공할 수 있게 되었다. 또한, 우버는 다양한 서비스(예: 우버 이츠, 우버 프레이트)를 추가하여 플랫폼의 범위를 확장하고, 사용자 경험을 지속적으로 개선했다. 이는 디지털 기술을 활용한 사업 다각화의 성공적인 사례로 볼 수 있다.

둘째, 사용자 경험을 극대화하기 위해 다양한 기술혁신을 도입했다. 인공지능을 활용하여 실시간으로 차량 위치 추적, 경로 최적화, 수요 예측 등을 가능하게 했다. 예를 들어, 우버의 인공지능 알고리즘은 사용자의 위치와 교통 상황을 분석하여 최적의 운행 경로를 제안하고, 도착 시간을 예측할 수 있다. 우버는 자율주행차 개발에도 적극 투자하여 미래 모빌리티 시장을 선도하려는 노력을 기울이고 있다. 2023년 10월, 알파벳의 자율주행 자회사인 웨이모와 파트너십을 맺고, 미국 애리조나주 피닉스에서 웨이모의 자율주행 차량으로 자율주행 로보택시 시비스를 시작했다.

우버의 디지털 트랜스포메이션은 산업 전반에 걸쳐 큰 파급 효과를 미쳤다. 우버의 성공은 전통적인 택시 업계에 위협이 되었지만, 동시에 서비스 개선과 혁신의 촉매제 역할을 했다. 많은 택시 회사들이 자체 앱을 개발하고 서비스 품질을 개선하는 등 변화를 모색하게 되었다. 또한 우비의 모델은 다양한 산업 분야에서 유사한 플랫폼 비즈니스의 출현을 촉진했다. 그러나 우버의 급속한 성장은 노동법, 안전 규제, 개인정보 보호 등 다양한 법적, 윤리적 문제를 제기하며 디지털 시대의 새로운 규제 체계 수립 필요성을 부각시켰다. 이는 디지털 혁신이 가져오는 사회적 변화와 도전 과제를 잘 보여 주는 사례이다.

테슬라Tesla

세계를 지속 가능한 에너지로 전환하는 속도를 높이는 것[17]

– 테슬라의 사명

테슬라의 디지털 트랜스포메이션은 자동차 산업의 기술과 비즈니스모델의 혁신을 이끌며, 전기차와 지속 가능한 에너지 솔루

---

* 원문은 다음과 같다. "Accelerating the World's Transition to Sustainable Energy."

선의 대중화를 가속화하고 있다. 테슬라의 접근 방식은 자동차 산업뿐만 아니라 에너지 및 기술 산업 전반에 걸쳐 큰 영향을 미치고 있다.

첫째, 데이터 기반의 지속적인 혁신을 추진하여 제품 개발과 운영을 최적화하고 있다. 테슬라 차량은 수많은 센서를 통해 주행 데이터를 수집하고, 이를 클라우드 기반 플랫폼으로 전송해 실시간으로 분석한다. 이러한 데이터분석은 차량 성능 개선, 소프트웨어 업데이트, 자율주행 기술 발전에 중요한 역할을 한다. 예를 들어, 자율주행 모드는 운전자의 주행 패턴과 외부 환경 데이터를 실시간으로 학습하여 점점 더 정교해지는 방식으로 발전하고 있다. 이를 통해 테슬라는 빠르게 변화하는 시장 요구에 대응하고, 고객에게 더 나은 제품을 제공할 수 있다.

둘째, 소프트웨어 중심의 차량 설계로 자동차 산업의 패러다임을 전환하고 있다. 전통적인 자동차 제조업체들은 하드웨어 중심의 접근 방식을 취하지만, 테슬라는 소프트웨어를 핵심으로 차량을 설계한다. 테슬라 차량은 강력한 소프트웨어와 연결성을 기반으로 하며, 정기적인 OTA^Over-The-Air ː 업데이트를 진행하여

ː OTA 업데이트는 무선 네트워크를 통해 소프트웨어를 원격으로 업데이트하는 기술

차량의 성능과 기능을 지속적으로 개선한다. 소프트웨어 중심의 접근 방식은 차량의 기능을 지속적으로 향상시키며, 고객이 최신 기술을 경험할 수 있게 한다. 또한, 소프트웨어 업데이트는 차량의 수명 주기를 연장시켜 하드웨

그림 3-12 자동차 공학의 혁명, 테슬라

어 교체 없이 최신 기술을 제공하는 효과를 가져온다.

셋째, 고객 경험의 혁신을 통해 디지털 트랜스포메이션을 완성하고 있다. 테슬라는 전통적인 딜러십 모델을 탈피하여 온라인 판매 및 서비스 모델을 도입함으로써, 고객이 더욱 편리하게 차량을 구매하고 유지보수할 수 있도록 지원한다. 원격 진단 및 수리 서비스는 고객이 차량의 문제를 신속하게 해결할 수 있게 하며, 모바일 앱으로 차량 상태 모니터링 및 원격 제어를 가능하게 함으로써 고객의 편의성을 극대화한다.

마지막으로, 전기차 생산뿐만 아니라 태양광 패널, 에너지 저장 시스템 등 친환경 에너지 솔루션을 제공하며, 이를 통합적으

이다.

로 관리할 수 있는 디지털 플랫폼을 구축하고 있다. 테슬라가 제공하는 지속 가능한 에너지 솔루션은 전체 에너지 생태계에 대한 테슬라의 비전을 반영한다. 이러한 접근 방식은 테슬라가 에너지 산업의 디지털 혁신을 선도하고, 지속 가능한 미래를 위한 기반을 마련하는 데 기여하고 있다.

BMW

BMW 그룹의 매력은 단지 제품과 기술에만 있는 것이 아니라, 발명가, 개척자, 엔지니어들에 의해 쓰인 우리의 역사에도 있습니다.[18]

BMW의 디지털 트랜스포메이션은 전통적인 자동차 제조업체에서 현대적인 디지털 기술과 혁신을 통합한 모빌리티 회사로의 변화를 포함한다. 이를 통해 BMW는 사용자 경험을 개선하고, 지속 가능한 모빌리티 솔루션을 추구하며, 제조 프로세스를 현대화하고 있다.

첫째, 데이터 중심의 의사결정으로 제품 개발과 운영을 최적화하고 있다. 차량에 다양한 센서를 장착하여 주행 데이터를 실시간으로 수집하고, 이를 클라우드 기반의 데이터 플랫폼으로 전송해 분석한다. 이러한 데이터는 차량 성능 개선, 운전자 지원 시스템, 그리고 자율주행 기술 개발에 중요한 역할을 한다. 예를 들어, BMW는 주행 데이터를 활용하여 예측 유지보수 시스템을

그림 3-13 미래를 향한 BMW의 도전

개발하여, 차량의 이상 징후를 조기에 감지하고 예방적 조치를 취할 수 있도록 했다. 이러한 데이터분석은 또한 고객의 운전 습관과 선호도를 파악하여 맞춤형 서비스를 제공하는 데에도 활용된다. 이를 통해 BMW는 빠르게 변화하는 시장 요구에 대응하고, 고객만족도를 높일 수 있다.

둘째, 자율주행 기술과 전기차 개발에 집중하고 있다. 자율주행 기술 개발에 막대한 투자를 하고 있으며, 다양한 센서 기술, 인공지능 알고리즘, 고성능 컴퓨팅 기술을 활용하고 있다. 또한 'i 시리즈'와 같은 혁신적인 전기차 모델을 출시하며 전기차 시장에서 입지를 다지고 있다. BMW는 자율주행과 전기차의 결합으로 미래 모빌리티 솔루션을 제시하고 있으며, 지속 가능한 이동수단으로서

의 전기차 개발에 집중하고 있다. 이를 통해 BMW는 환경친화적이고 스마트한 이동수단을 제공하는 데 주력하고 있다.

　마지막으로, BMW는 자동화된 생산공정을 운영하여 제조 효율성을 극대화하고 있다. BMW의 생산 공장은 로봇공학과 인공지능 기술을 결합하여 높은 수준의 자동화를 구현하고 있다. 예를 들어, BMW는 인공지능 기반의 품질관리 시스템을 도입하여 생산공정에서 발생할 수 있는 이상을 감지하고 있다.[19] 자동화된 생산공정은 생산 비용을 절감하고, 제품 품질을 향상시키는 데 기여하고 있다.

디지털 트랜스포메이션은 이제 선택이 아닌 필수로 자리 잡고 있다. 다양한 기업의 사례에서 볼 수 있듯이, 디지털 트랜스포메이션은 단순한 기술 도입을 넘어 비즈니스모델, 운영 방식, 고객 경험 등 기업의 모든 측면을 변화시키고 있다. 디지털 기술을 활용하여 고객의 요구를 더 잘 이해하고, 개인화된 서비스를 제공하며, 효율적인 운영을 통해 비용을 절감함으로써 기업은 장기적인 성장을 이룰 수 있다.

　디지털 트랜스포메이션은 아직도 진행 중인 여정이며, 그 끝은 보이지 않는다. 하지만 그 과정에서 얻는 교훈과 성과는 앞으로의 기업 경영에 있어 중요한 지침이 될 수 있다. 따라서 모든 기업은 디지털 트랜스포메이션을 전략적 우선순위로 삼고, 지속적인 학습과 적응을 통해 변화의 물결에 잘 대비하는 것이 중요하다.

4장

융합의 시대
: 인공지능과 모빌리티의 만남

우리가 구축하는 모든 시스템은
기계가 우리에게 결함을 숨길 만큼 영리해질 때까지
새로운 종류의 결함으로 우리를 놀라게 할 것입니다.[1]

Every system that we build will surprise us with
new kinds of flaws until those machines become clever enough to
conceal their faults from us.

- 마빈 민스키

모빌리티 X 디지털 트랜스포메이션 X 인공지능

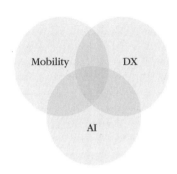

그림 4-1 모빌리티 X 디지털 트랜스포메이션 X 인공지능

인공지능 트랜스포메이션
AI Transformation

인공지능 트랜스포메이션은 조직이나 산업의 운영 방식, 비즈니스모델, 그리고 프로세스를 혁신하는 과정을 말한다. 이 과정은 데이터분석·머신러닝·딥러닝 등의 기술을 활용하여 효율성을 향상시키고, 데이터 기반 의사결정을 강화하며, 새로운 가치를 창출하는 것을 목표로 한다. 특히 시장의 빠른 변화, 고객 기대치의 상승, 그리고 경쟁의 심화로 그 필요성이 더욱 강조되고 있다.

인공지능 트랜스포메이션의 주요 목표는 크게 세 가지로 나눌 수 있다. 첫째는 **효율성 향상 및 데이터 기반의 의사결정 강화**이다. 인공지능을 활용하여 반복적이고 규칙적인 업무를 자동화함으로써 시간과 비용을 절감하고, 데이터에 기반한 예측 분석을 통해 미래 상황을 예측하여 적절한 조치를 취할 수 있다. 예를 들어, 부동산 분야에서 인공지능이 시장 데이터를 분석해 부동산 가격변동을 예측하고 투자전략을 최적화할 수 있다. 과거의 부동산 거래 데이터, 경제지표, 인구통계, 주변 시설 정보 등을 종합적으로 분석하여 특정 지역의 부동산 가격 상승 가능성을 예측하고, 투자자에게 최적의 구매 시점을 제시할 수 있다.

둘째는 **새로운 가치 창출**이다. 인공지능 기술을 적용하여 기존에는 불가능했던 새로운 제품과 서비스를 개발하고, 비즈니스 모델을 혁신하여 새로운 수익 창출 기회를 만들어 낸다. 예를 들면, 헬스케어 분야에서 인공지능을 이용한 신약 개발을 들 수 있다. 인공지능은 방대한 의료 데이터를 분석하여 새로운 치료 방법이나 약물을 개발하는 데 큰 도움을 준다. 인공지능을 이용하여 신약 개발에 소요되는 시간과 비용을 크게 절감할 수 있다. 이러한 사례는 인공지능이 어떻게 기존의 한계를 뛰어넘어 새로운 가치를 창출하는지 잘 보여 준다.

셋째는 **경쟁력 강화**이다. 차별화된 인공지능 기술을 활용하여 산업 내에서 경쟁 우위를 확보하고, 빠르게 변화하는 시장 환경에 민첩하게 대응할 수 있다. 예를 들면, 인공지능 기반의 고객 분석 및 예측 시스템을 도입한 기업은 고객의 요구를 좀 더 정확하게 파악하고 개인화된 서비스를 제공함으로써 경쟁력을 높일 수 있다.

인공지능 트랜스포메이션은 기업의 디지털 혁신을 가속화하지만, 동시에 새로운 도전 과제도 제시한다. 데이터 프라이버시와 보안 문제, 기술 인프라 구축 비용, 인공지능 기술에 대한 이해 부족 등이 주요 도전 과제로 꼽힌다. 이를 극복하기 위해서는 체계적인 전략 수립과 지속적인 교육 및 변화 관리가 필요하다. 기업은 이러한 도전 과제를 해결함으로써 인공지능 트랜스포메이션의 잠재력을 잘 활용할 수 있다.

모빌리티 X 인공지능 트랜스포메이션

모빌리티 분야의 인공지능 트랜스포메이션은 교통 및 이동 관련 서비스와 기술 전반에 인공지능 기술을 통합하여 혁신적인 변화를 가져오는 현상을 의미한다. 2024년 《맥킨지 보고서》에 따르면, 모빌리티 기업들이 가장 많이 투자하

는 기술 트렌드는 '응용-applied 인
공지능'으로 나타났다.[2] 인공지능
트랜스포메이션은 모빌리티 분
야에서 효율성, 편의성, 환경친화
성 등을 향상시키며 모빌리티 산
업의 패러다임을 바꾸고 있다.

그림 4-2 모빌리티 X 인공지능 트랜스포메이션

자율주행차는 인공지능 기술
이 사용된 대표적인 모빌리티 기
술 사례다. 자율주행차는 인공지능 기술의 집약체로, 머신러닝
과 딥러닝 모델을 사용하여 실시간으로 도로 상황을 분석하고,
최적의 경로를 계획하고, 사고를 방지할 즉각적인 결정을 내린
다. 예를 들어, 테슬라의 자율주행 시스템은 차량에 탑재된 센서
로 수집한 데이터를 바탕으로 딥러닝 등을 활용하여 도로 상황
을 분석하고 최적의 주행 경로를 선택한다. 이번 장에서 자율주
행차의 인공지능 기술을 자세히 소개한다.

교통관리 시스템에서도 인공지능이 큰 변화를 일으키고 있다.
인공지능 기반의 교통관리 시스템은 스마트시티의 핵심 요소로
서, 교통 흐름을 실시간 분석하고 최적화하여 교통체증을 줄이고,
사고를 예방하며, 공공 교통수단의 효율성을 높인다. 예를 들어,

인공지능은 CCTV와 같은 도시 인프라로부터 데이터를 수집하고 분석하여 교통신호를 실시간으로 조정하거나, 특정 지역의 교통 패턴을 예측하여 도로의 용량을 최적화하는 데 도움을 준다.

인공지능은 차량 유지보수와 예측 분석 분야에서도 중요한 역할을 한다. 머신러닝 알고리즘은 차량의 센서 데이터를 바탕으로 부품의 마모 상태나 고장 가능성을 예측하여 예방 정비를 수행할 수 있다. 예를 들면, 차량의 엔진 소리, 진동, 온도 등의 데이터를 실시간으로 모니터링하고, 이상 징후가 감지되면 사용자에게 경고를 보내거나, 서비스센터에 자동으로 예약을 잡아 주는 시스템이 개발되고 있다. 예측 유지보수 시스템은 차량의 운행 중단 시간을 최소화하고, 유지보수 비용을 절감하는 데 기여할 수 있다.

모빌리티를 혁신하는 인공지능 기술

인공지능이 활용된 모빌리티 기술 사례
: 자율주행차

'자율주행차'는 사람의 개입이 줄어들거

나 전혀 필요하지 않은 상태에서 작동할 수 있는 자동차를 의미한다. '자율주행차'를 지칭하는 용어는 다양하다. Autonomous Vehicle(AV), Autonomous Car(AC), self-driving car, 무인자동차driverless car, 로봇자동차robotic car, 로보카

그림 4-3 인공지능이 이끄는 자율주행차

robo-car 등이 혼용되어 사용되고 있다. 자동차 업계에서 자율주행차를 가리키는 통일된 용어는 없으며, 제품 또한 이러한 정의에 완벽히 부합하는 기능을 구현하지 못할 때가 많다는 점을 인식할 필요가 있다. 현재 SAE 인터내셔널(국제자동차기술자협회, 전前 미국자동차공학회SAE)에서는 '자율주행차'나 '무인자동차' 대신에 '자동주행 시스템ADS*'을 갖춘 자동차motor vehicles with automated driving systems*'라는 용어를 사용하고

---

* 자동주행 시스템Automated Driving System: ADS은 차량을 완전히 자동으로 운전할 수 있도록 설계된 소프트웨어와 하드웨어의 통합 시스템이다. 이 시스템은 환경 인식, 경로 계획, 차량 제어와 같은 복잡한 작업을 처리하여 인간 운전자의 개입 없이도 안전한 주행을 가능하게 한다. 자율주행차의 핵심 기술로서 SAE 레벨 3 이상의 시스템에 해당한다.

* 'autonomous'는 외부의 직접적인 통제나 개입 없이 작동할 수 있음을 의미한다.

있다.[3] 이 책에서는 SAE 레벨 1 이상에 해당하는 시스템이 구현된 자동차를 자율주행차[AV]로 통칭한다.

SAE 인터내셔널이 분류한
운전자동화 레벨

SAE 인터내셔널이 정의한 운전자동화 레벨은 자율주행 기술의 발전 단계와 이에 따른 운전자와 자동화 시스템 간의 역할 분담을 여섯 단계로 구분한다. 이 레벨은 0에서 5까지 있으며, 레벨이 높아질수록 자동화 수준이 높아지고 운전자의 개입은 줄어든다. SAE 레벨 0에서 2까지는 운전자가 운전을 주도하며, 레벨 3부터 5까지는 자동화 시스템이 주도적인 역할을 한다. 참고로, 2023년 기준 상용 자율주행차의 대부분은 SAE 레벨 2[‡]에 해당한다. 맥킨지의 분석에 따르면, 유럽과 북

그러나 일반적인 자율주행차의 경우, 외부와의 통신 및 협력이 필요하기 때문에 'autonomous vehicle'이라는 표현은 적절하지 않다고 SAE 인터내셔널은 주장한다. 'driverless car'라는 표현 역시 'driver'라는 용어가 인간에만 국한되지 않기 때문에 혼란을 줄 수 있다고 SAE 인터내셔널은 지적한다.

[‡] 메르세데스-벤츠의 신형 'S클래스'는 'DRIVE PILOT' 시스템을 통해 SAE 레벨 3 자율주행 기능을 제공한다. 웨이모의 '웨이모 원Waymo One' 로보택시는 특정 지역 내에서 SAE 레벨 4 자율주행이 가능하다.

표 4-1 SAE 운전자동화 레벨(J3016_2021)

레벨	명칭	설명
0	운전자동화 없음 No Driving Automation	운전자가 모든 주행 작업을 수행
1	운전자 보조 Driver Assistance	자동화 시스템은 차량의 조향이나 가속/감속 중 하나를 제어할 수 있지만 동시에 둘 다 제어할 수는 없음 (예: lane centering OR adaptive cruise control) 운전자는 시스템의 보조기능을 지속적으로 감독해야 함
2	부분 운전자동화 Partial Driving Automation	자동화 시스템은 차량의 조향과 가속/감속을 모두 제어 가능 (예: lane centering AND adaptive cruise control) 운전자는 시스템의 보조기능을 지속적으로 감독해야 함
3	조건부 운전자동화 Conditional Driving Automation	제한된 조건 하에서 자동화 시스템이 모든 주행 작업을 수행 필요 시 운전자 개입이 요구됨
4	고도의 운전자동화 High Driving Automation	제한된 조건 하에서 자동화 시스템이 모든 주행 작업을 수행 운전자 개입이 요구되지 않음
5	완전 운전자동화 Full Driving Automation	자동화 시스템이 모든 조건에서 차량 운전 가능

미에서는 2025년경 레벨 3 및 레벨 4의 고도화된 자동화 기능을 탑재한 승용차의 고속도로 자율주행이 가능해질 것으로 예상된다.[4] 각 레벨의 주요 특징은 표 4-1과 같다.

동작 원리

다음은 자율주행차의 작동 방식을 보여주는 시나리오다. 이 시나리오를 보면 SAE 레벨 5 자율주행차가 주변 환경을 어떻게 인식하고 실시간으로 상황에 대응하며, 최종 목적지에 도달하는지 쉽게 이해할 수 있다.

아침 햇살이 방 안으로 들어오면서 하루가 시작된다. 평소처럼 아침 준비를 마친 후, 오늘은 자율주행차를 타고 마트에 가기로 했다. 주차장으로 나가 자율주행차에 탑승하자, 차량 내부의 화면이 켜지며 부드러운 음성 안내가 들려온다.

"안녕하세요. 오늘의 목적지를 말씀해 주세요."

"마트로 가자."

차는 즉시 주변 환경을 스캔하기 시작한다. 루프에 장착된 라이다LiDAR가 고속으로 회전하며 레이저 펄스를 발사해 주변의 3D 이미지를 생성한다. 동시에 전방 카메라가 도로와 주변 상황을 촬영하고, 레이더는 주변 차량과의 거리를 실시간으로 측정한다. 초음파센서는 근처 장애물을 감지하여 차량 주차 공간의 정확한 위치를 파악한다.

수집된 데이터는 차량 내부의 컴퓨터로 전송되어 통합된다. 고도화된 알고리즘이 이 데이터를 분석해 차량의 현재 위치와 주변 상황을 정확히 파악한다. GPS 데이터를 기반으로 내 위

그림 4-4 자율주행차와 함께하는 일상 첫번째

치를 확인하고, 실시간 교통정보를 반영해 가장 효율적인 경로를 계산한다. 이때 컴퓨터는 전체 경로를 계획하고, 각 구간마다 세부 계획을 세워 차선 변경, 교차로 통과, 우회전 등을 실행할 준비를 한다.

차량의 디스플레이에 경로가 표시된다. "경로가 설정되었습니다. 출발합니다"라는 안내와 함께 차는 부드럽게 주차 공간을 빠져나와 도로에 진입한다.

이제 차는 실제 주행을 시작한다. 가속페달을 밟을 필요 없이 차량은 스스로 속도를 조절한다. 도로 위의 차량들을 인식하고, 안전거리를 유지하며 주행한다. 차선 변경이 필요할 때에는 방향지시등을 켜고, 후방카메라와 레이더로 안전을 확인한 후 차선을 바꾼다.

갑자기 앞 차가 급정거를 한다. 차량의 센서들이 이를 즉시 감지하고, 컴퓨터는 비상제동 시스템을 작동시켜 부드럽게 속도를 줄인다. 차가 안전하게 멈추었다가 다시 주행을 재개한다.

마트에 도착하자, 차량은 주차 공간을 탐색하기 시작한다. 빈자리를 찾은 후, 초음파센서를 활용해 정확히 주차를 완료한다. "목적지에 도착했습니다. 즐거운 쇼핑 되세요"라는 음성 안내가 나온다.

자율주행차는 인식, 의사결정(판단), 제어 시스템을 통해 환경을 이해하고 적절한 결정을 내리며 차량을 안전하게 제어한다 (공급업체마다 아키텍처는 다를 수 있으나 기본 원리는 유사하다). 이 세 가지 시스템은 서로 밀접하게 연결되어 자율주행차의 기능을 수행한다.

인식Perception 시스템은 자율주행차가 주변 환경을 이해하는 데 사용된다. 이를 통해 도로 상황, 차량 위치, 보행자, 신호등, 표지판, 장애물 등을 인식할 수 있다. 이러한 정보는 차량이 주행 중인 도로의 레이아웃과 주변 환경을 정확히 이해하도록 도와준다.

그림 4-5 왼쪽부터 웨이모의 카메라, 레이더, 라이다가 인식하는 시각 정보 @Waymo

먼저 라이다, 카메라, 레이더, 초음파센서 등[*]을 이용해 주변 환경 정보를 실시간으로 수집한다.[†] **그림 4-5**에서 웨이모의 센서들이 인식하는 시각 정보를 확인할 수 있다.[5] 라이다[‡]는 주변 환경의 3D 이미지를 생성하고, 카메라는 차선, 신호등, 도로표지판, 공사 구역 등을 인식한다. 레이더[§]는 전파를 이용해 다른 차량이나 물

---

[*] 이외에도 GPU, IMUInertial Measurement Unit(관성 측정 장치), 주행거리계, 오디오 등이 있다.

[†] 단, 차량 공급업체마다 사용하는 센서의 종류는 다를 수 있다. 참고로, 테슬라는 2024년 4월 기준 레이더와 라이다, 초음파를 사용하지 않는다.

[‡] 라이다LiDAR(Light Detection And Ranging, 빛 감지 및 거리 측정)는 높은 정밀도로 주변 환경의 3D 지형 이미지를 제작하는 기술이다. 이 센서는 모든 방향으로 레이저 펄스를 발사한 후, 반사되어 돌아오는 시간을 측정하여 객체의 형태와 위치를 파악한다. 다른 센서에 비해 상대적으로 가격이 비싸지만, 정밀도와 신뢰성이 높아 자율주행차에서 중요한 역할을 한다.

[§] 레이더는 악천후에도 효과적으로 작동한다. 비, 안개, 눈과 같은 상황에서도 레이더는 전파를 이용하여 물체를 감지하는 데 탁월하다. 이와 같은 특성은 카메라나 라이다와 같은 다른 센서들이 날씨에 민감하게 반응하는 것과 대조적이다.

체와의 거리를 측정하며, 주로 속도와 거리 정보를 제공한다. 초음파센서는 근거리에서 장애물을 감지하는 데 사용되며, 주차 시나 차량 주변의 작은 물체를 감지할 때 유용하다.

자율주행차는 이렇게 수집된 데이터를 분석하여 차량이 주행하는 환경을 이해한다. 다양한 센서로부터 얻은 데이터는 통합되어 하나의 포괄적인 환경 모델을 형성한다. 예를 들어, 라이다가 제공하는 거리 정보와 카메라가 제공하는 이미지 정보는 상호 보완적으로 결합되어 더욱 정밀한 모델을 생성한다. 또한, 딥러닝 기술을 활용하여 데이터 내 객체를 탐지함으로써 차량, 보행자, 차선, 교통표지판 등을 효과적으로 식별할 수 있다. 이와 동시에 차량 주변의 움직이는 객체의 위치를 감지하고 추적하여 충돌을 회피할 의사결정을 지원한다.

의사결정(판단) Decision 시스템은 인식된 정보를 기반으로 적절한 행동을 결정하는 역할을 한다. 우선 현재 상황을 파악하고 주변 환경에서 발생할 수 있는 다양한 시나리오를 예측한다. 예를 들어, 앞서가는 차량이 갑자기 멈추거나 보행자가 도로로 진입할 가능성 등을 고려한다. 이후, 분석된 데이터와 예측을 바탕으로 안전하고 효율적인 주행 경로를 결정한다. 이때 속도 조절, 차선 변경, 회피 기동 등이 포함될 수 있다.

제어Control시스템은 결정된 주행 전략을 실제 차량의 움직임으로 전환한다. 제어시스템 내의 알고리즘은 차량의 동역학 및 기계적 한계를 고려하여 최적의 제어신호를 생성한다. 생성된 제어신호는 차량의 각종 액추에이터actuator에 전달되며, 액추에이터들은 이 신호에 따라 실제 운전 동작을 수행한다. 예를 들어, 조향(스티어링), 가속, 제동 등의 명령을 전송하여 실제 운전 동작인 차량 핸들 조작, 가속폐달 조작, 브레이크폐달 조작 등으로 변환한다.

이 모든 과정은 실시간으로 이루어지며, 돌발 상황에도 즉각적으로 대응할 수 있다.

그림 4-6은 자율주행차의 일반적인 자율 시스템 아키텍처[6]와 그 동작 메커니즘을 상세히 보여 준다. 이 아키텍처는 크게 인식 시스템과 의사결정 시스템으로 구성된다. 인식 시스템은 차량 주변의 환경을 인식하고 데이터를 수집 및 처리하는 역할을 한다. 반면, 의사결정 시스템은 이러한 데이터를 바탕으로 최적의 경로를 계획하고 주행 전략을 수립하여 이를 실제 차량의 움직임으로 실행한다. 이제 이 아키텍처로 동작하는 SAE 레벨 5 자율주행차의 시나리오를 통해 그 작동 원리를 이해해 보자.

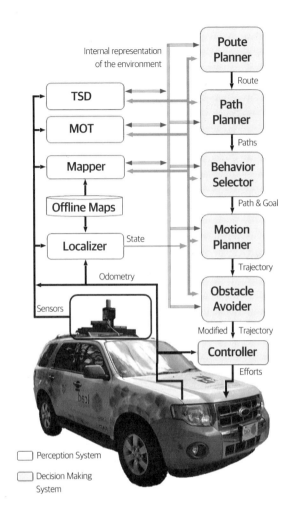

그림 4-6 자율주행차의 일반적인 아키텍처 @Claudine Badue et al., 2021

오늘도 아침이 밝았다. 나는 집 근처 시장으로 장을 보러 가기로 했다. 나의 자율주행차는 이미 주차장에서 준비를 마친 상태다. 차에 올라타서 "시장으로 가자"라고 말하자, 자율주행차는 조용히 움직이기 시작했다.

차량에 장착된 여러 센서들이 주변 환경을 감지하기 시작했다. Localizer(위치 추정 시스템)는 차량의 현재 위치를 파악하고, 차량이 어디에 있는지 계속해서 업데이트한다. 이 정보를 바탕으로 Offline Maps(오프라인 지도)가 작동하여 정확한 도로 정보를 제공한다.

도로에 진입하자, TSD^{Traffic Signalization Detection}(교통신호 감지) 시스템이 도로표지판을 감지하고 이를 차량에 전달했다. 동시에 MOT^{Moving Objects Tracking}(이동 물체 추적) 시스템이 주변의 움직이는 차량과 보행자, 장애물들을 감지하여 차량의 내부 데이터베이스에 실시간으로 반영했다.

이제 Mapper(지도 생성기)가 작동하여 현재의 도로 상황을 기반으로 환경을 재구성했다. 이 정보를 Route Planner(루트 플래너)가 받아들여 최적의 경로를 계획한다. 마트까지 가는 가장 빠르고 안전한 길을 결정하고, 이 경로를 Path Planner(패스 플래너)에게 전달했다.

Path Planner는 이 경로를 바탕으로 세부적인 경로를 계획하고, Behavior Selector(행동 선택기)에 전달했다. Behavior Selector는 상황에 맞는 주행 전략을 선택했다. 예를 들어, 앞에 느리게 이동하는 차량이 있을 경우 차선을 변경하거나, 정지 신호에서 멈추는 등의 결정을 내린다.

다음으로, Motion Planner(동작 플래너)가 Path Planner와 Behavior Selector의 지침을 받아들여 차량의 실제 움직임을 계획한다. 이 과정에서 주어진 경로를 따라 차량의 속도와 방향을 구체적으로 조정한다. Motion Planner가 계획한 경로가 안전한지 확인하기 위해 Obstacle Avoider(장애물 회피기)가 작동하여 주변 장애물을 감지하고 필요 시 경로를 수정했다.

이제 차량이 준비를 마쳤다. Controller(제어장치)는 Motion Planner와 Obstacle Avoider의 지시를 받아 차량의 가속, 감속, 방향 전환을 제어했다. 모든 과정이 순조롭게 진행되었고, 차량은 목적지를 향해 부드럽게 움직였다.

도로를 달리던 중, 신호등이 빨간불로 바뀌었다. TSD 시스템이 이를 감지하고 차량에 전달하자, Behavior Selector는 정지할 것을 지시했다. Motion Planner가 차량을 서서히 멈추도록 경로를 수정하고, Controller는 브레이크를 작동시켜 차량을 부드럽게 정지시켰다.

신호가 다시 녹색으로 바꿔자, 차량은 다시 출발 했다. 주행 중 다른 차량이 갑자기 끼어드는 상황에서 도 MOT 시스템이 이를 감 지하고 Obstacle Avoider가

그림 4-7 자율주행차와 함께하는 일상 두번째

신속히 경로를 수정하여 안전하게 주행을 이어 갔다.

이렇게 자율주행차는 모든 시스템이 협력하여 주행을 진행했고, 마침내 시장에 도착했다. 차량은 주차 위치를 감지하고, 빈 공간에 정확하게 주차를 마쳤다.

주요 인공지능 기술

자율주행차에는 여러 가지 인공지능 기술이 적용된다. 이제 그중 몇 가지 주요 기술을 살펴보자.

우선 사용자 음성 명령을 인식하고 이를 처리한 후 응답하기 위해 음성인식, 음성합성, 자연어 처리 기술이 필요하다. **음성인식**은 사용자가 말한 음성을 텍스트로 변환하는 역할을 한다. **자**

연어 처리는 변환된 텍스트 명령의 의미를 이해하고 사용자의 의도를 파악한다. **음성합성**은 텍스트로 변환된 응답을 다시 음성으로 변환하여 사용자에게 전달하는 역할을 한다. **그림 4-8**은 이러한 음성 명령 처리 과정을 보여 준다.

그림 4-8 자율주행차의 음성 명령 처리 과정

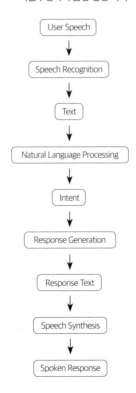

컴퓨터 비전은 도로, 보행자, 차량 등을 인식하는 기술로, 객체 탐지, 이미지 세그멘테이션, 객체 추적 등 다양한 방법을 포함한다. 이러한 기술들은 보행자, 차량, 도로표지판 등 다양한 객체를 실시간으로 탐지하고 그 위치를 파악하여 충돌을 피하고 안전한 주행을 가능하게 한다. **객체 탐지**(예: YOLO^{You Only Look Once}, Faster R-CNN^{Faster Region Convolutional Neural Network}, SSD^{Single Shot MultiBox Detector}, RetinaNet, CenterNet 등)는 차량이 주변의 물체들을 인식하고 그 위치를 파악하는 데 사용된다. **이미지 세그멘테이션**(예: U-Net, SegNet, DeepLab, Mask R-CNN 등)은 이미지의 각 픽셀을 분류하여 도로, 차선, 보행자 등을 더 정밀하게 구분한다. **객체 추적**(예: SORT^{Simple Online and Realtime Tracking}, Deep SORT, 칼만 필터^{Kalman Filter}, Optical Flow, GOTURN^{Generic Object Tracking Using Regression Networks} 등)은 이미 탐지된 객체들의 움직임을 계속해서 추적하는 데 사용된다. 객체의 이동 경로를 예측하여 보행자나 다른 차량의 이농을 추적함으로써 더 안전한 주행 결정을 내리는 데 중요한 역할을 한다. **그림 4-9**[7]는 Deep SORT 모델을 사용한 객체 추적 사례를 보여 준다.

센서 융합 기법(예: 칼만 필터, 파티클 필터^{Particle Filter}, 베이지안 네트워크^{Bayesian Network} 등)은 자율주행차가 다양한 센서로 수집된 데이

그림 4-9 Deep SORT를 사용한 객체 추적 @Nicolai Wojke et al., 2017

터를 통합하여 더욱 정확하고 신뢰성 있는 환경 인식을 할 수 있게 한다. 각 개별 센서는 환경 조건이나 기계적 한계, 외부 간섭 등으로 인해 측정값에 왜곡이 발생할 수 있으며, 이러한 왜곡된 데이터를 그대로 사용하면 자율주행차의 판단에 오류를 초래할 수 있다. 예를 들어, 라이다 센서는 날씨나 반사율의 영향을 받아 오류를 일으킬 수 있다.

따라서 각 센서에서 얻은 데이터가 항상 정확하거나 완전하지 않음을 인지하고, 데이터 내 오류나 노이즈를 고려하여 신뢰성 있는 추정을 수행하는 것이 중요하다. 이를 '데이터의 불확실성 처리'라고 하며, 이는 다양한 알고리즘을 통해 센서 데이터의 노이즈를 줄여 더 정확한 정보를 얻는 과정이다.*

또한, 여러 센서 데이터를 결합함으로써 단일 센서에서 발생할 수 있는 오류를 보완할 수 있다. 예를 들어, 라이다와 카메라 데이터를 결합하면 각 센서의 약점을 보완하여 더 정확한 환경 인식을 수행할 수 있다.

자율주행차는 실시간 **위치 추정 및 지도 생성**을 위해 인공지능 기술(예: SLAM$^{Simultaneous\ Localization\ and\ Mapping}$(슬램)$,$* MCL$^{Monte\ Carlo}$ ^{Localization}(몬테카를로 위치 추정)$,$‡ 칼만 필터 등)을 활용한다. 도로 환경은 각종 공사, 새로운 교통 규제, 일시적인 도로 변경 등으로 지속적으로 변화하기 때문에 이 기술은 매우 중요하다. HD map^{High-}

---

* 예를 들어, 칼만 필터는 예측과 실제 측정값 간의 차이를 최소화하여 노이즈를 감소시키는 데 효과적이다. 파티클 필터와 베이지안 네트워크는 데이터를 확률적으로 모델링하여 불확실성을 처리한다. '파티클 필터'는 다양한 가능한 상태를 샘플링하여 그중 가장 가능성 있는 상태를 찾고, '베이지안 네트워크'는 다양한 변수 간의 확률적 관계를 사용하여 데이터를 해석한다.

‡ SLAM은 자율주행차가 처음 방문하는 지역에서도 안정적으로 주행할 수 있도록 지도를 생성하고 동시에 자신의 위치를 추정하는 기술이다.

‡ MCL은 센서 데이터와 예측 모델을 활용하여 차량의 위치를 확률적으로 추정하는 기술로, 다양한 '파티클'을 사용해 차량의 가능한 위치를 나타내고, 이를 실시간으로 업데이트하여 위치 추정의 정확도를 높인다. 특히 GPS 신호가 불안정하거나 없는 실내나 도심 환경에서 유용하게 사용될 수 있다.

Definition Map[‡]은 사전에 구축된 고정밀 지도로 대량의 정적 정보를 제공한다. 하지만 이러한 지도는 실시간으로 변화하는 도로 상황을 반영하는 데 한계가 있으므로, 실시간 센서 데이터와 다양한 위치 추정 기술을 결합해 이를 보완하는 접근이 필수적이다.

경로 계획[Path Planning]과 **주행 최적화**를 위해 다양한 인공지능 기술(예: 다익스트라 알고리즘, A* 알고리즘, RRT, 강화학습, 시계열 신경망, 베이지안 기법, MDP, MCTS 등)이 활용될 수 있다. 이 기술들은 안전하고 효율적인 최적의 주행 경로를 결정하고 교통 상황에 따라 동적으로 조정하며, 다른 차량이나 보행자의 행동을 예측하는 데 기여한다. 경로 탐색 알고리즘은 자율주행차뿐만 아니라 로봇공학과 컴퓨터과학 등 다양한 분야에서 중요한 역할을 한다. 이 알고리즘들은 주어진 환경 내에서 출발지부터 목적지까지 최적 또는 최적에 가까운 경로를 찾는 데 사용된다.

다익스트라 알고리즘[Dijkstra's Algorithm]은 가장 기본적이며 단순한 그래프 탐색 알고리즘이다. 각 도로의 길이나 소요시간 등을 비용으로 설정하여 시작 지점에서 다른 모든 지점까지의 최소

[‡] HD Map은 고해상도의 정밀 지도이다. 차량의 정밀한 위치를 결정하고, 해당 위치의 구체적인 도로 및 주변 환경 정보를 제공한다. 차선 정보와 도로표지판, 신호등, 주행 장애물 등을 상세하게 표현한다.

비용 경로(최단경로)를 찾는다. A* 알고리즘은 목표 지점까지의
예상 비용(휴리스틱*)을 고려하여 더 효율적인 탐색을 가능하게
하며, 목적지에 빠르게 도달할 수 있는 최단경로를 찾는다. **그림
4-10**은 A* 알고리즘을 이용하여 최단경로를 찾는 과정을 보여 준
다. 그리드 형태의 맵에서 시작점(왼쪽 상단의 삼각형) 좌표 (0,0)
에서 목표점(하단 우측의 별 모양) 좌표 (9,9)까지의 경로를 표시하
고 있음을 볼 수 있다. 검은색 큰 그리드는 이동할 수 없는 장애
물을 나타내며, 흰색 그리드는 이동 가능한 공간을 의미한다. 점
선으로 표시된 경로는 A* 알고리즘이 계산한 최적의 경로를 나
타내며, 이 과정에서 맨해튼 거리Manhattan distance*를 휴리스틱 함
수로 사용하였다. RRTRapidly-exploring Random Tree는 무작위적으로
탐색하면서 트리 구조를 확장하는 알고리즘으로, 특히 동적 환
경이나 복잡한 장애물이 있는 경우에 유용하다.* **그림 4-11**은 RRT

---

* 휴리스틱은 최적의 솔루션을 찾기 어려운 상황에서 '충분히 좋은' 근사치 솔루션
을 찾는 방법이다. 문제 해결 과정에서 직관적으로 예상되는 값을 활용하여, 정
확한 계산보다는 경험이나 추정에 기반해 빠르게 결과를 도출한다.

* h(current)가 현재 노드에서 목표 노드까지의 추정 비용이라고 했을 때, h(current)
= |xgoal − xcurrent| + |ygoal − ycurrent|이다. 맨해튼 거리는 격자 기반에서
대각선 이동을 허용하지 않는 경우 사용된다.

* RRT는 경로 최적화가 되어 있지 않아 효율적인 경로 탐색에는 한계가 있다. 이러
한 문제를 해결하기 위해 경로를 최적화한 버전인 RRT*가 개발되었다.

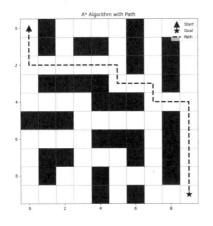

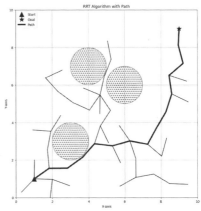

그림 4-10 A* 알고리즘으로 최단경로 탐색   **그림 4-11** RRT 알고리즘의 동적 경로 생성

알고리즘을 사용하여 경로를 찾는 과정을 나타낸다. 이 그래프는 시작점(왼쪽 하단의 삼각형) 좌표 (1,1)에서 목표점(오른쪽 상단의 별 모양) 좌표 (9,9)까지의 경로를 굵게 표현하고 있다. 그림에서 세 개의 큰 도트 무늬 원은 장애물을 나타내며, 알고리즘은 이 장애물들을 우회하면서 경로를 생성한다.

강화학습Reinforcement Learning: RL은 다양한 주행 시나리오에서 최적의 행동을 결정하는 방법을 보상 시스템을 통해 학습한다. 동적이고 불확실한 환경에서의 의사결정에 효과적인 이 방법을 적용하면 시간이 지남에 따라 계속해서 성능이 개선된다. 시계열 신경망Time Series Neural Networks은 연속적인 데이터에서 패턴을 인식하고 예측하는 데 사용된다. 자율주행차에서는 센서 데이터 스트림을 처리하여 트래픽 패턴과 차량의 행동 패턴 등을 예측하는 데 활용할 수 있다.

MDPMarkov Decision Processes(마르코프 결정 프로세스)는 각 상태에서의 결정이 다음 상태에 미치는 영향을 모델링하는 수학적 프레임워크이다. 각 주행 상황 단계에서 최적의 결정을 내리는 데 사용된다. MCTSMonte Carlo Tree Search(몬테카를로 트리 탐색)는 무작위 샘플링을 기반으로 의사결정 트리를 구축하고 탐색하여, 가장 높은 보상을 주는 경로를 선택한다.*

이 알고리즘들은 각각 특정 상황이나 요구 사항에 최적화되어 있다. 자율주행차는 이러한 알고리즘들을 혼합하거나 개선하여 사용할 수 있고, 상황에 따라 맞춤형 알고리즘을 개발하여 적용할 수도 있다. 예를 들어, 장거리 주행 시에는 A* 알고리즘을 사용하고, 도심 내 복잡한 교통 상황에서는 RRT나 딥러닝 기반 알고리즘을 활용할 수 있다. 이러한 다양한 알고리즘의 조합은 자

---

* 알파고는 바둑 게임에서 최적의 수를 찾기 위해 MCTS를 핵심 알고리즘으로 활용한다.

율주행 차량이 다양한 환경과 상황에서 효율적이고 안전하게 운행할 수 있도록 지원한다.

자율주행차에 적용할 수 있는 인공지능 기술은 매우 다양하다. 이 기술들은 차량이 주변 환경을 자율적으로 인식하고, 상황에 맞는 결정을 내리며, 운전자와 원활하게 상호작용할 수 있도록 돕는다. 특히 복잡한 도로 환경에서의 안전한 주행을 보장하기 위해 인공지능 기술은 지속적으로 발전하고 있으며, 이러한 기술 발전은 모빌리티 환경에 혁신적인 변화를 가져오고 있다. 자율주행차와 인공지능의 융합은 현재도 활발히 진행 중이다. 앞으로 이 둘의 통합이 더욱 고도화됨에 따라 진화된 기술과 사례들이 계속해서 등장할 것으로 기대된다.

5장

인공지능과 모빌리티의
사회적 영향

적절하게 자동화되고 교육된 세상에서는 기계가 진정한 인간화에 영향을 미칠 수 있음이 입증될 수 있습니다. 기계는 삶을 가능하게 하는 일을 할 것이고, 인간은 삶을 즐겁고 가치 있게 만드는 다른 모든 일을 할 것입니다.[1]

In a properly automated and educated world, then, machines may prove to be the true humanizing influence. It may be that machines will do the work that makes life possible and that human beings will do all the other things that make life pleasant and worthwhile.

_ 아이작 아시모프Isaac Asimov

우리가 사용한 학습 데이터의 일부는 음란물 이미지와 유해한 언어 같은 바람직하지 않은 콘텐츠와 노이즈를 제거하기 위해 필터링됐지만, 우리는 음란물 이미지, 인종차별적 비방, 해로운 사회적 고정관념 등 광범위하게 부적절한 데이터가 포함된 것으로 알려진 LAION-400M 데이터세트도 활용했습니다. 이매젠Imagen*은 선별되지 않은 웹 규모의 데이터로 학습한 텍스트 인코더를 사용하므로 대형 언어모델이 가진 사회적 편견과 한계를 계승합니다. 이에 따라 이매젠에는 유해한 고정관념과 표현이 암호화되어 있을 위험이 있기 때문에, 우리는 추가적인 안전장치가 마련되지 않은 상태에서는 이매젠을 대중이 사용할 수 있게 공개하지 않기로 했습니다.[2]

_ 구글 이매젠의 한계와 사회적 영향

인공지능과 모빌리티의 상호작용이
사회에 미치는 영향

인공지능과 모빌리티 기술은 현대사회에 지대한 영향을 미치고 있으며, 이들의 상호작용은 교통, 경제, 환경, 사회구조 등에 중대한 변화를 야기하고 있다. 이러한 변화는 긍정적인 측면과 부정적인 측면을 모두 포함한다.

긍정적인 영향으로는 교통의 효율성 향상이 있다. 인공지능을 활용해 도로교통체계를 최적화하고 차량의 경로를 효율적으로 계획함으로써 교통혼잡을 줄일 수 있다. 또한, 배송 및 물류관리의 자동화는 운송 비용 절감과 생산성 향상을 가능하게 한다. 인공지능 기반의 공유 모빌리티 플랫폼은 사용자들이 손쉽게 차량을 호출하고 공유할 수 있게 하여 대중교통이 부족한 지역이나 교통약자에게 큰 도움이 된다. 자율주행차와 같은 첨단 모빌리티 기술은 일상생활의 편리성을 크게 증대시킬 수 있다.

그러나 이러한 발전에는 **부정적인 영향**도 존재한다. 가장 큰

---

* 구글 이매젠Imagen은 텍스트 설명을 바탕으로 고해상도 이미지를 생성하는 이미지 생성 모델이다.

우려 중 하나는 보안 문제로, 수집된 데이터가 노출될 경우 개인 정보가 유출되어 사생활 침해와 금전적 피해가 발생할 수 있다. 인프라 시설이 해킹되거나 파괴되면 사회적 혼란이 일어나거나 큰 피해가 발생할 위험이 있다. 시스템 오류나 고의적인 데이터 조작으로 인한 오작동이 발생할 수도 있다. 적대적 공격Adversarial Attack은 고의적으로 조작된 입력 데이터를 집어넣어 머신러닝 모델을 오작동하게 만드는 공격이다. 미세한 노이즈를 추가해 모델이 잘못된 결과를 내리게 하는 것이다. 예를 들어, **그림 5-1**[3]은 판다 이미지에 노이즈를 추가해 모델이 판다를 긴팔원숭이gibbon 로 잘못 인식하게 만드는 사례를 보여 준다.

또한, 최신 기술에 대한 접근성 격차로 인한 사회적 불평등이

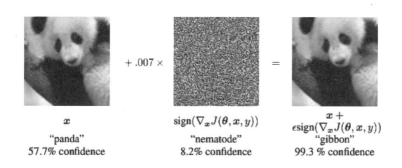

그림 5-1 적대적 공격 @Ian J. Goodfellow et al., 2015

심화될 가능성도 있다. 인공지능 기반 서비스에 접근할 수 없는 지역이나 계층이 생길 수 있으며, 자율주행차나 전기차는 여전히 높은 가격대를 형성하고 있어 저소득층은 이러한 혜택을 누리기 어렵다.

인공지능 윤리와 관련해서는 의사결정 과정의 투명성, 프라이버시 보호, 편향성 문제 등이 중요하다. 예를 들어, 자율주행차가 극단적인 상황에서 어떤 의사결정을 해야 하는지를 둘러싼 윤리적 딜레마가 있다. 또한, 인공지능의 사용과 관련된 법적 규제와 표준 설정의 필요성도 제기된다.

인공지능과 모빌리티 기술의 융합은 사회 전반에 걸쳐 새로운 경제적 기회를 창출함과 동시에 기존 일자리에 도전 과제를 제시하며, 환경에도 큰 영향을 미친다. 이러한 변화에 효과적으로 대응하려면 다양한 사회경제적 및 환경적 이슈를 검토할 필요가 있다.

그림 5-2 기술혁신과 지속 가능한 도시

경제적 기회의 창출 vs.
일자리 감소

인공지능과 모빌리티 기술의 만남은 새로운 산업과 일자리 창출의 기회를 제공한다. 예를 들어, 자율주행차와 전기차의 발전에 따라 소프트웨어 및 하드웨어 산업이 성장하면서 다양한 신규 일자리가 생겨날 수 있다. 그러나 이러한 기술 발전은 반복적이고 예측 가능한 작업을 자동화함으로써 생산성을 향상시키는 동시에, 전통적인 산업과 직업에는 새로운 환경에 적응해야 하는 과제를 제시할 수 있다. 특히, 택시 운전사나 배송 인력 등 운송 기반 직업은 이러한 변화에 큰 영향을 받을 수 있으며, 이에 따른 실업 문제가 발생할 가능성이 있다.

결론적으로, 인공지능과 모빌리티 기술의 발전은 새로운 직업을 창출하는 한편으로 기존 일자리에 변화를 불러올 수 있다. 이러한 변화는 광범위한 사회적 적응을 요구하며, 이에 효과적으로 대응하려면 교육과 훈련, 직업 재배치 지원, 그리고 정책적 대응 등이 중요하다. 예를 들어, 기존 직업군에서 새로운 기술로의 전환을 지원하는 직업 재교육과

그림 5-3 변화 앞의 사람들

재취업 프로그램이 필요할 수 있다. 기술 발전은 기회와 도전을 동시에 제공하므로, 사회적으로 포용적이고 지속 가능한 방식으로 관리하는 것이 중요하다.

전기차는 과연 친환경적인가?

자율주행차와 전기차의 결합은 환경오염 감소와 탄소 배출 저감에 기여할 수 있는 잠재력이 있다. 그러나 전기차 배터리의 생산과 폐기 과정에서 발생하는 환경적 영향을 고려할 때, 이 기술이 진정으로 친환경적인지에 대한 의문도 존재한다.

전기차 배터리 생산에는 리튬, 코발트, 니켈, 망간과 같은 광물이 필요하다. 특히 리튬과 코발트는 희소자원으로, 이 광물들의 채굴은 자원 고갈 문제를 야기할 수 있다. 그리고 원자재 채굴 과정에서 발생하는 환경파괴와 수질오염, 열악한 노동조건은 지속 가능한 공급망 구축을 어렵게 만든다.[4] 또한, 전기차 배터리 제조에는 상당한 양의 에너지가 들어가는데, 이 에너지가 화석연료에서 공급될 경우 온실가스 배출이 증가할 수 있다. 더불어, 제조 과정에서 사용되는 다양한 화학물질은 적절히 치리되지 않으면 환경에 부정적인 영향을 미칠 수 있다. 사용이 끝난 폐배터리의 처리 또한 중요한 환경적 도전 과제로, 잘못 처리된 폐배터리는 토양과 수질오염을 유발할 수 있다.

그림 5-4 충전 중인 전기차

결론적으로, 전기차가 내연기관 차량에 비해 친환경적일 수 있지만, 그 진정한 친환경성은 차량의 라이프사이클 전체에서 발생하는 환경적 영향을 종합적으로 평가해야 한다. 전기차 배터리의 생산과 폐기가 환경에 상당한 악영향을 미칠 수 있으므로 이를 최소화하려는 노력이 필수적이다. 지속 가능한 원자재 채굴, 에너지 효율적인 제조 공정, 효과적인 배터리 재활용 및 재사용 전략, 대체 배터리 기술 개발 등이 필요하다. 이러한 노력으로 전기차의 환경적 이점을 극대화하고, 전체적인 탄소발자국을 줄이려는 노력을 기울여야 한다.

미래 모빌리티 기술
: 에너지소비는 감소하는가?

모빌리티 산업의 발전이 에너지소비를

감소시킨다는 전망은 긍정적이다. 첫째, 전기차의 높은 효율성이 중요한 역할을 한다. 전기차는 내연기관 차량에 비해 에너지 효율이 뛰어나며, 동일한 거리를 주행하는 데 필요한 에너지도 적다. 둘째, 자율주행차의 도입과 교통체계의 효율성 향상도 에너지절감에 기여할 수 있다. 자율주행차는 최적화된 경로 선택과 주행 패턴을 통해 에너지소비를 줄이고, 개선된 교통체계는 불필요한 에너지 낭비를 최소화한다. 마지막으로, 카셰어링 및 라이드셰어링과 같은 공유 모빌리티 서비스는 차량 이용률을 높이고 불필요한 차량 소유를 줄여 전체적인 에너지 사용 감소에 기여한다.

반면 에너지소비가 오히려 증가할 가능성도 존재한다. 첫째, 전기차의 에너지 출처가 중요하다. 전기차는 전력으로 구동되지만, 이 전력이 화석연료에서 생산된다면 전체 에너지 체인의 효율성은 떨어질 수 있다. 둘째, 자율주행차가 사용하는 다양한 센서와 컴퓨터 시스템 운영에는 상당한 전력이 필요하다. 이로 인해 온보드 컴퓨팅* 과정에서 탄소 배출량이 증가할 수 있다. 2023년 MIT 연구진은 〈바퀴 달린 데이터센터: 온보드 자율주행 차량

---

* 온보드 컴퓨팅onboard computing은 차량 내부에 탑재된 컴퓨터 시스템에서 데이터 처리와 연산이 이루어지는 것을 의미한다.

의 컴퓨팅으로 인한 배출Data Centers on Wheels: Emissions From Computing Onboard Autonomous Vehicles〉 논문[5]에서 자율주행차가 원격으로 데이터센터를 통해 추론 과정을 수행하면서 오히려 탄소 배출량이 급증할 수 있다고 경고하며, 하드웨어 효율성을 높여야 한다고 주장했다. 셋째, 전기차 충전 인프라의 에너지소비 역시 중요한 고려 사항이다. 충전 인프라의 구축과 유지에는 당연히 에너지가 들어가고, 이는 전체적인 에너지절감 노력에 반할 수 있다.

결론적으로, 모빌리티 산업의 변화는 전반적으로 에너지소비를 감소시킬 잠재력이 있다. 그러나 이 잠재력을 실현하기 위해서는 에너지 생산 및 소비라는 전체 연결망을 고려한 접근이 필요하다. 재생 가능 에너지원의 확대, 에너지 효율적인 차량 및 인프라의 개발, 그리고 지속 가능한 모빌리티 서비스의 촉진 등이 중요하다.

다음으로, 인공지능 및 모빌리티 기술과 관련된 윤리적·법적 문제를 살펴보자. 기술이 빠르게 발전하면서 데이터 수집과 프라이버시 보호, 인공지능 의사결정

그림 5-5 인공지능과 윤리의 만남

의 공정성, 자율주행차의 안전성 및 책임 소재와 같은 다양한 문제가 새롭게 대두되고 있다. 이러한 윤리적·법적 쟁점들은 우리가 직면한 복잡한 문제들을 깊이 이해하고, 적절한 해결책을 모색하는 계기를 제공한다.

▌데이터 수집과
▌프라이버시 보호

모빌리티와 인공지능 기술의 결합은 대규모 데이터 수집과 처리를 필수적으로 요구하며, 이에 따라 개인정보 보호 문제가 중요한 과제로 떠오르고 있다.

자율주행차는 실시간으로 위치 데이터를 수집해 운전자에게 최적의 경로를 제공하지만, 이 과정에서 사용자의 이동 경로와 생활 패턴 등 민감한 정보가 저장되고 분석될 가능성이 있어 프라이버시 침해 우려가 제기될 수 있다. 예를 들어, 특정 사용자가 매일 동일한 시간에 특정 장소를 방문하는 정보가 노출된다면 이를 악용할 가능성이 생긴다.

모빌리티 기술은 외부 환경, 운전 습관, 차량 상태 등 다양한 데이터를 수집하고 처리하여 교통혼잡을 줄이고 사고를 예방하는 데 사용될 수 있다. 그러나 대량의 데이터가 수집되고 처리되는 과정에서 개인식별이 가능한 정보가 포함될 경우 개인정보 보호 문제가 발생할 수 있다.

그림 5-6 데이터 보안

인공지능과 모빌리티 기술의 발전은 많은 혜택을 제공하지만, 프라이버시 침해와 개인정보 보호 문제는 반드시 해결해야 할 과제다. 이를 위해서는 기술적 · 법적 · 정책적 조치가 병행되어야 한다. 예를 들면, 데이터를 안전하게 보호하고 처리할 데이터 익명화*(또는 가명화‡), 암호화 기술, 보안시스템 구축 등이 필요하다. 이를 통해 수집된 데이터에 대한 무단 접근이나 유출을 방지할 수 있다. 법적으로는 개인 데이터 보호 및 위반 사례 처벌을 위한 법률과 규제가

---

* 익명화anonymization는 데이터를 영구적으로 비식별화하여 추가 정보로도 개인을 식별할 수 없게 만드는 과정이다. 익명화된 데이터는 개인식별이 불가능해지므로 데이터 보호 법규의 규제 범위에서 벗어난다.

‡ 가명화pseudonymization는 개인식별정보를 대체 식별자로 변환하여 데이터 주체를 직접 식별할 수 없도록 하는 방법이다. 이 방법은 데이터 유틸리티를 유지하면서도 추가 정보를 통해 필요 시 원래 데이터를 재구성할 수 있게 한다. 가명화된 데이터는 여전히 개인정보로 간주된다.

마련되어야 하며, 데이터의 사용 방식에 대한 투명한 공개도 필수적이다. 마지막으로, 데이터 수집과 사용 시 사용자의 명확한 동의를 얻고, 사용자가 자신의 데이터에 대한 통제권을 가질 수 있도록 해야 한다.

인공지능은 인간보다 공정한가?

공정성은 사전적으로 '공평하고 올바른 성질'로 정의된다. 인공지능(머신러닝)에서 공정성은 알고리즘이 특정 집단에 불리하게 작용하지 않으며 균형 잡힌 결과를 도출하도록 보장하는 것을 의미한다. 인공지능은 공정한 의사결정을 실현할 잠재력을 지니고 있다. 딥러닝 기술은 방대한 데이터를 객관적으로 분석하여 인간의 편견이나 감정적 요소, 주관적 판단을 배제하고 일관된 결정을 내릴 수 있는 것처럼 보인다. 이러한 데이터 기반의 접근법은 인권 보호에도 기여할 수 있을 것으로 기대된다.

그러나 딥러닝 시스템은 훈련 데이터에 내재된 편향을 반영하고 증폭시킬 수 있으며, 이는 소수집단에 대한 차별적인 의사결

정*을 초래할 가능성을 내포한
다. 인공지능이 훈련 데이터에
내재된 인간의 편견을 그대로
학습할 수 있다는 것이다.[6,7] 또
한, 딥러닝의 의사결정 과정은
일반적으로 '블랙박스*'로 간주
된다. 이는 왜 특정한 결정을 내

그림 5-7 공정한 인공지능

렸는지 (사람이) 이해하기 어렵
게 만든다. 이러한 불투명성은 공정성 평가를 더욱 어렵게 한다.

　인공지능의 공정성을 보장하기 위해서는 다양한 접근이 필요
하다. 무엇보다 민감한 특성(예: 인종, 성별 등)에 따라 예측 결과
가 왜곡되지 않도록 머신러닝 모델을 설계해야 하며, 데이터 수
집, 모델 훈련, 예측 과정에서의 편향을 최소화해야 한다. 이를
위해 사회적·윤리적 기준을 고려한 설계와 철저한 검증이 필
요하다. 또한, 설명이 가능한 인공지능XAI 기술 등을 도입해 투명

---

* 알고리즘 편향algorithmic bias은 알고리즘이 특정 그룹에 불공정한 결과를 초래하는
　체계적 오류를 말한다. 이는 알고리즘 설계, 데이터 수집 및 처리 과정 등에서 발
　생할 수 있으며, 사회적 편견을 강화할 위험이 있다.
‡ 블랙박스 문제란, 인공지능 모델의 내부구조와 작동 방식이 매우 복잡하여 어떻
　게 특정 결정이 내려졌는지 명확히 설명할 수 없는 상황을 의미한다.

성을 높이는 것도 중요하다. 마지막으로, 윤리적 교육을 통해 개발자와 사용자의 인식을 제고하는 것 역시 공정한 인공지능 시스템 구현에 기여할 수 있다. 이러한 다각적인 노력이 병행될 때 공정한 의사결정에 한 걸음 더 다가갈 수 있다.

자율주행차가 인간 운전자보다 안전한가?

자율주행차가 인간 운전자의 실수를 줄여 교통사고를 감소시킬 수 있다고 한다. 예를 들어, 졸음운전, 피로, 주의력 분산 등으로 발생하는 사고를 줄이는 데 효과적이라고 한다. **그림 5-9**[8]에서 볼 수 있듯이, 우리나라 교통사고의 주요 원인은 '안전 운전 불이행'이 1위, '신호위반'이 2위, '안전거리 미확보'가 3위로 나타났다. 안전 운전 불이행에는 전방 주시 태만, 운전 중 휴대전화 사용 등이 포함된다. 자율주행 시스템은 이러한 법규를 위반할 가능성이 거의 없기 때문에, 교통사고 발

그림 5-8 졸음운전자

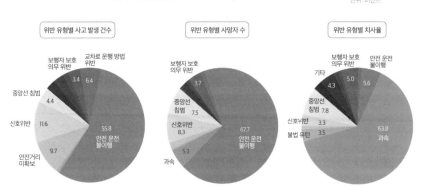

그림 5-9 교통사고 원인 통계(2015-2022년) @KOTSA

단위: 퍼센트

위반 유형별 사고 발생 건수

보행자 보호 의무 위반 3.4
교차로 운행 방법 위반 6.4
중앙선 침범 4.4
신호위반 11.6
안전거리 미확보 9.7
안전 운전 불이행 55.8

위반 유형별 사망자 수

보행자 보호 의무 위반 3.7
중앙선 침범 7.5
신호위반 8.3
과속 5.3
안전 운전 불이행 67.7

위반 유형별 치사율

기타 4.3
보행자 보호 의무 위반 5.0
안전 운전 불이행 5.6
중앙선 침범 7.8
신호위반 3.3
불법 유턴 3.5
과속 63.8

생률을 낮출 수 있다는 기대를 갖게 한다.

그러나 자율주행차가 실제 도로 환경에서 인간 운전자보다 항상 안전하다고 단정하기는 어렵다. 2024년 과학 저널 《네이처 커뮤니케이션즈Nature Communications》에 게재된 연구[9]에 따르면, 자율주행차는 대부분의 주행 상황에서 인간 운전자보다 더 안전한 것으로 나타났다. 하지만 새벽이나 해 질 무렵과 같은 조명 변화가 심한 상황이나 회전이 많은 도로에서는 인간 운전자가 더 나은 대처 능력을 보였다. 연구 결과에 따르면, 이러한 조건에서 자율주행차의 사고 발생 확률이 인간 운전자보다 각각 5.25배와 1.98배 높은 것으로 나타났다. 반면, 일반적인 주행 조건이나 비가 오는 날씨에서는 자율주행 시스템이 더 안전한 것으로 평가되었다. 특히 후방 추돌이나 측면 충돌과 같은 사고 유형에서 자율주행차의 위험이 상대적으로 낮았다. 이는 현재의 자율주행 기술이 예측 가능한 상황에서는 우수한 성능을 보이지만, 일부 복잡한 주행 환경에서는 인간의 직관과 적응력을 완전히 대체하기 어려울 수 있음을 시사한다.

또한, 자율주행 시스템은 아직 완벽하지 않아서 센서 오류나 소프트웨어 버그가 발생할 수 있다. 보안시스템이 취약할 경우, 원격 해킹으로 인한 사고 위험도 존재한다. 게다가 자율주행차가 사고를 일으켰을 때, 책임 소재를 명확히 규명하는 문제도 여전히 해결해야 할 과제다.

따라서 자율주행차가 모든 상황에서 인간 운전자만큼 안전성을 보장하기 위해서는 기술적 · 법적 · 사회적 측면에서의 개선이 필수적이다. 인공지능과 센서 기술의 고도화, 법적 · 윤리적 기준 마련은 안전성 확보에 중요한 요소다. 자율주행차의 효율적인 운행을 위해서는 도로 인프라와 교통 시스템의 개선도 필요하다.

결론적으로, 현재 시점에서는 자율주행 시스템과 인간 운전자가 협력하여 운전 안전성을 극대화하는 것이 최적의 방법으로 보인다. 자율주행 기술의 지속적인 발전과 함께 이러한 협력의 범위와 방식도 진화할 수 있을지도 모른다.

▎자율주행차 사고 시
▎책임 문제

자율주행차 사고에 대한 책임 문제는 운전자, 제조사, 소프트웨어 개발사 등 다양한 주체들이 얽혀 있는 복잡한 사안이다. 자율주행차 시스템의 정교함과 복잡성 때문에 사고 원인을 명확히 규명하는 것은 어려울 수 있다. 또한, 각국의 법적 대응 양상이 다를 수 있어 국제적인 협력의 중요성이 부각된다.

현재 대부분의 국가에서는 자율주행차의 자율주행 중에도 운전자가 최종 책임을 지도록 규정하고 있다. 이는 상용 자율주행차의 대다수가 SAE 레벨 2 이하에 머물러 있으며, 이 단계까지는 인간이 운전의 주체가 되기 때문이다. 그러나 자율주행

그림 5-10 자율주행차의 교통사고

기술이 발전하면서 운전자의 개입이 줄어들고 있어 책임 소재에 대한 재논의가 필요한 상황이다. 특히, SAE 레벨 3 이상 차량에서는 제조사의 책임이 더 중요한 문제로 떠오르고 있다.

이러한 변화에 맞춰 자율주행차 사고 시 책임 소재를 명확히 규정하는 법적 제도의 마련이 시급하다. 보험 시스템도 이에 따라 새롭게 구축될 필요가 있다. 사고 원인을 정확히 분석하고 예측할 수 있는 기술 개발 역시 필수적이다. 또한, 자율주행차가 예기치 못한 상황에 직면했을 때 발생할 수 있는 윤리적 딜레마에 대한 사회적 합의도 필요하다. 자율주행 기술의 글로벌 확산을 고려할 때, 국제적인 협력을 통한 글로벌 표준의 마련도 중요하다.

결국, 자율주행차 사고 시 책임 문제는 기술 발전 속도를 따라가지 못하는 기존 법률과 사회 시스템의 한계를 드러낸다. 이를 해결하기 위해서는 명확한 법적 규제와 표준의 정립, 시스템의 안전성과 신뢰성을 높이는 지속적인 연구개발, 그리고 윤리적 문제에 대한 사회적 합의가 필요하다. 자율주행차의 상용화가 가속화되는 상황에서, 안전한 자율주행 기술의 도입과 그 사회적 수용을 위한 다각적인 노력이 시급하다.

트롤리 문제

자율주행차가 극단적인 상황에서 어떤 의사결정을 해야 하는지는 여전히 주요한 윤리적 딜레마로 남아 있다.* 예를 들어, 피할 수 없는 사고 상황에서 차량이 운전자의 생명을 우선시할지, 아니면 보행자의 생명을 우선시할지 결정해야 하는 상황이 대표적이다. 이러한 시나리오에서 '올바른' 결정을 정의하기란 쉽지 않다. 다양한 문화적 · 사회적 가치와 법적 책임이 이 결정에 영향을 미치기 때문이다.

윤리적 딜레마는 상충하는 두 가지 이상의 윤리적 원칙, 가치, 의무 사이에서 선택을 강요받는 상황을 의미한다. 어떤 선택을 하더라도 윤리적 손실이나 타협이 불가피하며, 그 과정은 매우 복잡할 수 있다. 그리고 그 선택의 결과가 사회적 · 개인적 차원에서 중대한 윤리적 의미를 지닐 수 있다.

트롤리 문제trolley problem는 복잡한 도덕적 선택 상황을 설명하는 대표적인 사고실험으로, 현대 윤리학, 법학, 인공지능 등 다양한 분야에서 논의되고 있다. 특히, 이 문제는 자율주행차의 의사결

---

* 독일 자율주행차 법안은 자율주행차가 인간의 생명을 최대한 보호하도록 설계되어야 하며, 결정 과정에서 개인의 특성에 기반한 차별이 발생하지 않도록 규정하고 있다.

그림 5-11 트롤리 문제 @Wikimedia

정 알고리즘 설계와도 관련이 있다. 필리파 풋Philippa Foot이 논문 [10]에서 제시한 트롤리 문제는 다음과 같은 상황을 가정한다. 운전자가 탈선할 수밖에 없는 트롤리를 조종하고 있는데, 이 트롤리가 다섯 명이 작업 중인 선로를 향해 돌진한다. 트롤리를 다른 선로로 바꿀 수 있지만, 그 선로에는 한 명의 작업자가 있다. 이 상황에서 선로를 바꿔야 할까? 다섯 명을 구하기 위해 한 명을 희생시켜야 할까?

공리주의적 관점에서는 가능한 한 적은 수의 사망자를 내기 위해 레버를 당기는 것이 옳다. 그러나 의무론적 접근에서는 다른 목적을 위해 누군가를 희생시키는 것은 부당하다.

일부 학자들은 자율주행차의 윤리적 설계에 트롤리 문제를 적용하는 것은 현실적이지 않다고 지적한다.[11] 이러한 사고실험은 실제 상황에서 발생할 수 있는 복잡한 윤리적 결정과는 거리가 멀며, 단순한 이진 선택으로 문제를 축소시키는 경향이 있다는 것이다. 이들은 자율주행차가 법적 책임과 사회적 계약에 기반하여 설계되어야 하며, 가능한 한 모든 도로 이용자에게 주어진 '주의 의무'를 지켜야 한다고 주장한다. 이러한 원칙 하에서 자율주행차는 충돌을 피하려고 노력하되, 그 과정에서 다른 사람들에게 추가적인 위험을 초래하지 않도록 해야 한다는 것이다.

따라서 자율주행차의 윤리적 판단은 지속적인 사회적 논의와 법적 기반 마련을 필요로 하며, 이런 과정을 거쳐 더 정교하고 현실적인 윤리적 기준을 확립해야 한다.

인공지능과 모빌리티의 발전은 우리의 생활 방식과 사회구조에 지속적으로 큰 영향을 미칠 것이다. 이러한 변화는 단순한 기술적 접근을 넘어 사회적 합의와 법적 제도 마련으로 관리되어야 한다. 이때 균형 잡힌 접근이 필요하다. 지속적인 논의와 연구를 통해 기술의 혜택을 극대화하면서도 윤리적 기준을 준수하는 방향으로 나아가야 한다. 더 안전하고 공정한 사회 구축이 우리의 목표이기 때문이다.

인공지능 윤리와 법제 현황

인공지능 기술의 발전에서 윤리적·법적 틀은 기술 발전의 방향을 인간 중심의 가치와 일치시키는 데 중요한 역할을 한다. 윤리적·법적 틀은 기술 발전과 사회적 책임 사이의 균형을 유지하고, 인공지능 기술이 제공하는 혜택을 극대화하면서 잠재적인 위험을 최소화하는 데 기여한다. 국가와 국제사회가 인공지능의 미래를 지속적으로 논의하고 협력해야 하는 이유이다. 여기서는 대표적인 사례로 국내의 〈인공지능(AI) 윤리기준〉[12]과 EU의 「인공지능법AI Act」[13]을 소개한다.

▌국내 인공지능 윤리 가이드라인
▌: 〈인공지능(AI) 윤리기준〉

2020년 12월, 과기정통부(과학기술정보통신부)는 '사람이 중심이 되는 인공지능 윤리기준'을 발표했다. 인공지능의 개발에서 활용에 이르는 전 단계에서 모든 사회 구성원이 함께 지켜야 할 주요 원칙과 핵심 요건을 제시한 범용적인 기준이다. 이 기준은 국가 전반의 인공지능 개발 및 활용에서 목표와 지향점을 설정하여, 각 영역별 세부 규범이 유연하게 발전할 수 있는 기반을 마련했다. 즉, 국내 인공지능 관련 법과 제도, 가이드라인의 기본 플랫폼에 해당된다. 다만, 이 기준은 구속력이 있는 법이나 지침이 아닌 도덕적 규범이자 자율 규범이므로 법적 효력은 없다.

〈인공지능(AI) 윤리기준〉은 인간성humanity을 구현하기 위해 인공지능 개발에서 활용에 이르는 전 과정에서 고려해야 할 기준으로 '**인감의 존엄성, 사회의 공공선, 기술의 합목적성**'의 3대 기본원칙을 제시했다.

---

① 인간 존엄성 원칙

- 인간은 신체와 이성이 있는 생명체로 인공지능을 포함하여 인간을 위해 개발된 기계제품과는 교환 불가능한 가치가 있다.
- 인공지능은 인간의 생명은 물론 정신적 및 신체적 건강에 해가 되지 않는 범위에서 개발 및 활용되어야 한다.
- 인공지능 개발 및 활용은 안전성과 견고성을 갖추어 인간에게 해가 되지 않도록 해야 한다.

② 사회의 공공선 원칙

- 공동체로서 사회는 가능한 한 많은 사람의 안녕과 행복이라는 가치를 추구한다.
- 인공지능은 지능정보사회에서 소외되기 쉬운 사회적 약자와 취약 계층의 접근성을 보장하도록 개발 및 활용되어야 한다.

- 공익 증진을 위한 인공지능 개발 및 활용은 사회적, 국가적, 나아가 글로벌 관점에서 인류의 보편적 복지를 향상시킬 수 있어야 한다.

③ 기술의 합목적성 원칙

- 인공지능 기술은 인류의 삶에 필요한 도구라는 목적과 의도에 부합되게 개발 및 활용되어야 하며 그 과정도 윤리적이어야 한다.
- 인류의 삶과 번영을 위한 인공지능 개발 및 활용을 장려하여 진흥해야 한다.

여기에 더해, 3대 기본원칙을 실천하고 이행할 수 있도록 인공지능 전체 생명 주기에 걸쳐 충족되어야 하는 '**인권 보장, 프라이버시 보호, 다양성 존중, 침해 금지, 공공성, 연대성, 데이터 관리, 책임성, 안전성, 투명성**'의 **10대 핵심요건**을 제시했다.

① 인권 보장

- 인공지능의 개발과 활용은 모든 인간에게 동등하게 부여된 권리를 존중하고, 다양한 민주적 가치와 국제 인권법 등에 명시된 권리를 보장하여야 한다.
- 인공지능의 개발과 활용은 인간의 권리와 자유를 침해해서는 안 된다.

② 프라이버시 보호

- 인공지능을 개발하고 활용하는 전 과정에서 개인의 프라이버시를

보호해야 한다.

- 인공지능 전 생애주기에 걸쳐 개인정보의 오용을 최소화하도록 노력해야 한다.

③ 다양성 존중

- 인공지능 개발 및 활용 전 단계에서 사용자의 다양성과 대표성을 반영해야 하며, 성별·연령·장애·지역·인종·종교·국가 등 개인 특성에 따른 편향과 차별을 최소화하고, 상용화된 인공지능은 모든 사람에게 공정하게 적용되어야 한다.
- 사회적 약자 및 취약계층의 인공지능 기술 및 서비스에 대한 접근성을 보장하고, 인공지능이 주는 혜택은 특정 집단이 아닌 모든 사람에게 골고루 분배되도록 노력해야 한다.

④ 침해 금지

- 인공지능을 인간에게 직간접적인 해를 입히는 목적으로 활용해서는 안 된다.
- 인공지능이 야기할 수 있는 위험과 부정적 결과에 대응 방안을 마련하도록 노력해야 한다.

⑤ 공공성

- 인공지능은 개인적 행복 추구뿐만 아니라 사회적 공공성 증진과 인류의 공동 이익을 위해 활용해야 한다.
- 인공지능은 긍정적 사회변화를 이끄는 방향으로 활용되어야 한다.
- 인공지능의 순기능을 극대화하고 역기능을 최소화하기 위한 교육을 다방면으로 시행하여야 한다.

⑥ 연대성

- 다양한 집단 간의 관계 연대성을 유지하고, 미래세대를 충분히 배려하여 인공지능을 활용해야 한다.
- 인공지능 전 주기에 걸쳐 다양한 주체들의 공정한 참여 기회를 보장하여야 한다.
- 윤리적 인공지능의 개발 및 활용에 국제사회가 협력하도록 노력해야 한다.

⑦ **데이터 관리**
- 개인정보 등 각각의 데이터를 그 목적에 부합하도록 활용하고, 목적 외 용도로 활용하지 않아야 한다.
- 데이터 수집과 활용의 전 과정에서 데이터 편향성이 최소화되도록 데이터 품질과 위험을 관리해야 한다.

⑧ **책임성**
- 인공지능 개발 및 활용 과정에서 책임 주체를 설정함으로써 발생할 수 있는 피해를 최소화하도록 노력해야 한다.
- 인공지능 설계 및 개발자, 서비스 제공자, 사용자 간의 책임 소재를 명확히 해야 한다.

⑨ **안전성**
- 인공지능 개발 및 활용 전 과정에 걸쳐 잠재적 위험을 방지하고 안전을 보장할 수 있도록 노력해야 한다.
- 인공지능 활용 과정에서 명백한 오류 또는 침해가 발생할 때 사용자가 그 작동을 제어할 수 있는 기능을 갖추도록 노력해야 한다.

⑩ **투명성**
- 사회적 신뢰 형성을 위해 타 원칙과의 상충관계를 고려하여 인공

지능 활용 상황에 적합한 수준의 투명성과 설명 가능성을 높이려
는 노력을 기울여야 한다.
- 인공지능 기반 제품이나 서비스를 제공할 때 인공지능의 활용 내
용과 활용 과정에서 발생할 수 있는 위험 등의 유의 사항을 사전에
고지해야 한다.

이 윤리기준은 인공지능이 사람 중심의 가치와 원칙을 준수하
며 발전할 수 있도록 그 방향을 제시한다. 인공지능 기술이 다양
한 분야에서 활용됨에 따라, 이 기준은 개발자와 사용자 모두가
윤리적 책임을 다할 수 있도록 지원한다. 궁극적으로, 이는 사회
전반에 걸쳐 신뢰할 수 있는 인공지능 환경을 조성하는 데 기여
하는 것을 목표로 한다.

EU의 「인공지능법AI Act」

2024년 5월 21일 EU의 「인공지능법」이
최종 승인되며 법적 절차가 완료되었다. 세계 최초의 인공지능
규제인 이 법안은 2024년 8월부터 효력을 발휘한다.

이 법안은 인공지능 시스템을 네 가지 위험등급으로 분류하
고, 각 등급에 따라 규제를 달리하는 포괄적인 규정이다. 사용
사례에 따라 '허용할 수 없는 위험unacceptable-risk, 고위험high-risk, 제

한된 위험limited-risk, 최소/위험 없음minimal/no-risk'의 네 가지 위험 범주로 분류한다. 이 법안의 초점은 주로 허용할 수 없는 위험과 고위험 인공지능 시스템에 맞춰져 있을 가능성이 크다. 허용할 수 없는 위험 인공지능 시스템은 완전히 금지되며, 고위험 인공지능 시스템에는 필수 의무가 부과된다. 제한된 위험 인공지능 시스템은 최소한의 투명성 의무만 적용되며, 최소/위험 없음 인공지능 시스템은 자유롭게 사용할 수 있다. 범용 인공지능General-Purpose AI(이하 GPAI) 모델은 투명성 요구 사항을 준수해야 하는데, 여기에는 기술 문서 작성, EU 저작권법 준수, 모델 훈련에 사용된 콘텐츠에 대한 요약 제공이 포함된다. 시스템적 위험이 있는 영향력이 큰 GPAI 모델에는 더 엄격한 의무가 부과된다.

각 위험등급에 해당하는 인공지능 시스템은 다음과 같다.

---

① 허용할 수 없는 위험

- 사람들의 의사결정을 조작하거나 취약성을 악용하는 시스템
- 사회적 행동이나 개인적 특성에 따라 사람들을 평가하거나 분류하는 시스템
- 범죄를 저지를 위험을 예측하는 시스템
- 인터넷이나 CCTV에서의 불특정 얼굴 이미지 수집
- 직장 및 교육기관에서의 감정 인식
- 민감한 특성(예: 인종, 정치적 견해, 종교적 또는 철학적 신념, 성적 취향

등)을 추론하는 생체인식 분류 시스템(법 집행 목적일 경우 엄격한 특정 조건 하에 좁은 예외 설정)

② **고위험**

• 금지되지 않은 생체인식 시스템(생체인증 제외), 감정 인식 시스템

• 중요 디지털 인프라, 도로교통, 물, 가스, 난방, 전기 공급과 같은 중요 인프라의 안전 구성 요소

• 교육기관에 대한 접근을 결정하거나 인력을 모집하기 위한 시스템

• 필수적인 공공 및 민간 서비스에 대한 접근을 결정하는 데 사용되는 시스템

• 법 집행, 국경 통제, 사법 행정 및 민주적 절차 분야에서 사용되는 특정 시스템

• 이러한 시스템에는 위험 관리, 데이터 거버넌스, 기술 문서와 사용 지침 제공, 자동화된 이벤트 로그 구현, 인적 감독, 품질 관리 시스템 구축, 견고성, 정확성 및 사이버 보안과 관련된 포괄적인 필수 준수 의무가 적용된다.

③ **제한된 위험**

• 챗봇, 딥페이크 등

④ **최소/위험 없음**

• AI 지원 비디오게임, 스팸 필터 등

이 법안의 주요 조항들은 발효 후 24개월 후에 적용될 예정이지만, 일부 조항들은 그보다 일찍 적용된다. 예를 들어, 금지된

인공지능 시스템에 대한 규정은 발효 후 6개월 내에 적용되며, GPAI 모델에 대한 의무는 12개월 후에 발효된다. 법 위반 시 회사 규모와 침해 정도에 따라 벌금이 다르다. 750만 유로 또는 전 세계 연 매출의 1.5퍼센트에서 최대 3,500만 유로 또는 전 세계 연 매출의 7퍼센트에 해당하는 벌금이 부과될 수 있다.

　　EU「인공지능법」은 인공지능 기술의 안전성과 윤리성을 확보하는 중요한 조치로, 인공지능 시스템 개발자와 사용자가 준수해야 할 명확한 기준을 제시한다. 이 법안은 안전한 인공지능 활용을 촉진하는 동시에, 혁신과 개인의 권리 보호를 균형 있게 유지하는 것을 목표로 한다. 인공지능 시스템의 투명성과 책임성을 강화한 이 법이 국제적인 인공지능 규제의 기준으로 자리 잡을 것으로 기대된다.*

---

* EU 외의 주요 국가들도 인공지능을 규제할 다양한 방안을 모색하고 있다. 미국은 자율 규제와 가이드라인을 통해 혁신을 촉진하려 하고 있으며, 일본 역시 인공지능 기술 개발을 장려하는 정책을 채택하고 있다. 반면, 중국은 국가 통제 하에 신속하게 단편적 규칙을 제정하며 사회 안정과 기술혁신을 동시에 추구한다. 한국은 인공지능 관련 법률 제정이 지연되고 있으나, 개별 기업들이 자체적인 인공지능 개발 지침을 마련해 대응하고 있다. 이러한 상황에서 국제 협력의 중요성은 더욱 강조되지만, 각국의 이해관계와 가치관 차이로 합의 도출은 여전히 어려운 과제로 남아 있다.

에필로그

———

미래를 향한 여정

지능을 창조하는 잠재적 이점은 엄청납니다. AI가 우리의 마음을 증폭시킬 때 우리가 무엇을 이룰 수 있을지 예측할 수 없습니다. 아마도 이 새로운 기술혁명의 도구를 사용하면, 마지막 산업화로 인해 자연계에 가해진 피해 중 일부를 되돌릴 수 있을 것입니다. 그리고 우리는 마침내 질병과 빈곤을 근절하는 것을 목표로 할 수 있을 것입니다. 우리 삶의 모든 측면이 변화할 것입니다. 간단히 말해서, AI를 만드는 데 성공하는 것은 인류 역사상 가장 큰 사건이 될 수 있습니다. 하지만 위험을 피하는 법을 배우지 않는 한 마지막 사건이 될 수도 있습니다. AI는 이점 외에도 강력한 자율 무기나 소수가 다수를 억압하는 새로운 방식과 같은 위험도 가져올 것입니다. 이는 우리 경제에 큰 혼란을 가져올 것입니다. 그리고 미래에는 AI가 자신의 의지(우리와 충돌하는 의지)를 개발할 수도 있습니다. 간단히 말해서, 강력한 AI의 등장은 인류에게 일어날 수 있는 최고의 일이거나 최악의 일이 될 것입니다. 우리는 아직 어느 쪽인지 모릅니다."[1]

...The potential benefits of creating intelligence are huge. We cannot predict what we might achieve, when our own minds are amplified by AI. Perhaps with the tools of this new technological revolution, we will be able to undo some of the damage done to the natural world by the last one - industrialization. And surely we will aim to finally eradicate disease and poverty. Every aspect of our lives will be transformed. In short, success in creating AI, could be the biggest event in the history of our civilization. But it could also be the last, unless we learn how to avoid the risks. Alongside the benefits, AI will also bring dangers, like powerful autonomous weapons, or new ways for the few to oppress the many. It will bring great disruption to our economy. And in the future, AI could develop a will of its own - a will that is in conflict with ours. In short, the rise of powerful AI will be either the best, or the worst thing, ever to happen to humanity. We do not yet know which.

_ 스티븐 호킹Stephen Hawking

우리는 여전히 전 세계에 퍼지는 교리, 철학, 신앙 그리고 신념에 휘둘리기 쉽습니다. 그러한 영향으로부터 우리 자신을 보호할 수 있는 확실한 방법은 상상하기 어렵습니다. … 우리가 할 수 있는 최선은 우리 아이들이 비판적 사고 기술과 과학적 검증 방법을 더 많이 배우도록 교육하는 것입니다.[2]

We still remain prone to doctrines, philosophies, faiths, and beliefs that spread through the populations of entire civilizations. It is hard to imagine any foolproof ways to protect ourselves from such infections. ...the best we can do is to try to educate our children to learn more skills of critical thinking and methods of scientific verification.

_ 마빈 민스키

기술 혁신과 미래 사회

우리는 인공지능과 모빌리티의 시대에 접어들면서 전례 없는 기술혁신의 물결 속에서 살아가고 있다. 이 책을 통해 독자들은 인공지능의 정의와 기술 트렌드부터 디지털 트랜스포메이션, 그리고 인공지능이 모빌리티에 미치는 영향까지 폭넓은 지식을 습득했을 것이다. 이제, 이러한 기술들이 미래 사회에 어떤 변화를 가져올지, 그리고 우리의 일상과 사회에 어떻게 영향을 미칠지 고찰해 볼 시점이다.

2035년 모빌리티의 미래

미래의 모빌리티는 기술 발전과 환경문제에 대한 대응으로 큰 변화를 겪을 것이다. 맥킨지의 2023년 보고서 〈모빌리티의 미래The Future of Mobility〉[3]는 전 세계 주요 지역 트렌드를 분석하여 2035년까지 모빌리티 부문에서 일어날 변화를 전망한다. 이 보고서 내용을 소개하는 것으로 10년 후 모빌리티의 미래를 살펴보고자 한다.

첫째, **개인 소유 차량의 사용이 감소**할 것으로 전망된다. 현재

전 세계적으로 약 13억 대의 차량이 사용되고 있으며, 이중 상당 수가 개인 소유 차량이다. 그러나 많은 정부가 도로 혼잡을 완화하고 배출가스를 줄이기 위해 규제를 강화하고 있으며, 소비자들도 효율적이고 친환경적인 이동 수단을 선호함에 따라 개인 차량 사용은 점차 줄어들 것으로 보인다. 이에 따라 로보셔틀 (4~8석의 자율 미니버스)과 도심 항공택시와 같은 혁신적인 모빌리티 옵션이 등장할 수 있다. 개인용 차량 판매도 2015년 8,500만 대에서 2035년까지 8,400만 대로 감소할 가능성이 있다.

둘째, **규제는 지속 가능성을 촉진**하는 데 중요한 역할을 하고 있다. 전 세계 많은 도시와 국가들이 개인 차량 사용을 제한하고 친환경 교통수단을 장려하는 규제를 시행하고 있다. 예를 들어, 중국은 베이징 지하철 시스템을 확장하고 있으며, 프랑스는 단거리 항공편을 금지하는 조치를 취하고 있다.

셋째, **새로운 트렌드와 기술**이 등장하고 있다. 보고서는 자율주행, 전동화, 연결성, 공유 모빌리티 등 네 가지 주요 트렌드를 중심으로 소비자들의 변화하는 선호를 조사했다. 많은 응답자들이 개인 차량을 대체할 새로운 교통수단에 열려 있으며, 특히 공유 자율 셔틀과 같은 새로운 형태의 교통수단에 높은 관심을 보였다. 이러한 변화는 지속 가능성을 추구하는 현대 소비자들의 요구에 부응하며, 미래 모빌리티 환경에 큰 영향을 미칠 것이다. 예를 들면, 2025년까지 유럽과 북미에서는 레벨 3 및 레벨 4 자율주행 기능을 갖춘 고도로 자동화된 자율주행차가 고속도로에 등장할 것으로 예상된다. 전기자전거와 전동 스쿠터와 같은 마이크로모빌리티 시장은 2023년 약 1,800억 달러 규모에서 2030년까지 두 배 이상 성장할 것으로 보인다. 다양한 교통수단을 통합하는 플랫폼을 제공하는 인터모달intermodal 애플리케이션도 개발되고 있다. 공유 모빌리티는 2030년까지 최대 1조 달러의 수익을 창출할 잠재력이 있다.

결론적으로, 2035년까지 모빌리티 부문에서 일어날 변화는 기술혁신, 규제, 소비자행동 변화가 주도할 것이다. 이러한 변화는 더 지능적이고 지속 가능한 모빌리티 생태계를 형성할 것이며, 이는 우리의 일상생활에 큰 영향을 미칠 것이다.

인공지능의 미래

'건강해지는 방법은'으로 시작하는 글을 쓰라고 요청했을 때, A는 KoGPT-2(2.0버전),[4] B는 챗GPT-4o의 응답이다. KoGPT-2(2.0버전)는 2021년에 SKT가 만든, 오픈AI GPT-2의 한국어판이다.

A

건강해지는 방법은 없다. 그러니 차라리 스트레스를 받지 않는 방법을 찾는 것이 좋다. 우선, 식사 때 식도를 따뜻하게 하고 몸을 녹인다. 음식에 열이 나거나 간 기능이 저하된다면 식사를 할 때나 눕기만 하면 된다. 특히 소화불량을 동반한 복부비만이 있거나 만성 비만은 바로 '외식 다이어트'의 시작을 알리는 신호다. '외로움이나 배탈, 피로, 짜증과 같은 각종 질병에 의한 전신 피로 증상'이 생길 수 있다. 따라서 건강한 체중을 유지해야 한다.

B

건강해지는 방법은 간단하지만 꾸준한 실천이 필요하다. 먼저, 균형 잡힌 식단을 유지해야 한다. 신선한 과일, 채소, 단백질을 골고루 섭취하고 가공식품과 당분을 줄인다. 다음으로, 규칙적인 운동이 중요하다. 주 3~4회, 30분 이상 유산소운동과 근력운동을 병행하면 체력을 기르고 스트레스를 해소할 수 있다. 충분한 수면도 필수적이다. 하루 7-8시간의 수면을 통해 몸의 회복과 면역력 증진을 도모한다. 마지막으로, 스트레스 관리와 정기적인 건강검진으로 몸과 마음의 상태를 꾸준히 점검한다. 건강한 습관을 지속하면 삶의 질이 크게 향상될 것이다.

A의 결과를 보면, GPT 모델이 '주어진 텍스트의 다음 단어를 예측하는 방식으로 학습된 언어 모델'이라는 것을 체감할 수 있다. 또한, 이 기술이 '인간에게 위협이 되지 않는 수준'이라는 생각도 할 수 있다. 딥러닝은 피상적인 통계적 규칙성을 학습하는 경향이 있다.[5] 학습한 모든 내용을 기반으로 다음에 올 가장 가능성이 높은 단어를 예측하여 '그럴싸하게' 단어를 조합하기 때문에, A의 결과는 '지식은 있어 보이지만 논리성과 일관성이 없는 듯한' 인상을 준다. 개리 마커스Gary Marcus와 어니스트 데이비

스^{Ernest Davis}는 저서 《2029 기계가 멈추는 날》[6]에서 이를 해결하려면 상식, 인지모델, 강력한 추론 도구들을 갖춘 기계를 만들어야 한다고 언급했다.

그러나 우리는 불과 3년 만에 B와 같은 놀라운 결과를 목격했다. 물론 여전히 환각 현상, 부족한 상식과 추론 능력 등의 문제가 존재하지만, 그 성과는 주목할 만하다.

스티븐 호킹 박사는 인공지능에 대해 다음과 같이 경고했다.

> "고도로 지능적인 기계라는 개념을 단순한 공상과학소설로 일축하고 싶은 유혹이 있지만 이는 실수가 될 수 있으며, 잠재적으로 최악의 실수가 될 수도 있다."[*][7]

딥러닝과 신경망 연구의 선구자인 **제프리 힌튼**^{Geoffrey Hinton}[‡]은 2023년 인공지능의 위험성에 대해 공개적으로 경고했다. 그는 BBC와의 인터뷰에서 인공지능 역량이 예상보다 빠르게 가속화

---

[*] 원문은 다음과 같다. "It's tempting to dismiss the notion of highly intelligent machines as mere science fiction, but this would be a mistake, and potentially our worst mistake ever."

[‡] 제프리 힌튼, 요슈아 벤지오, 얀 르쿤은 인공지능, 특히 딥러닝의 대부로 불린다. 이 세 명은 딥러닝 연구로 2018년 튜링상(컴퓨터과학의 노벨상)을 공동 수상했다.

되고 있으며, 강력한 안전 조치를 구현하고 책임 있는 인공지능을 만들어야 한다고 강조했다.

"내가 도달한 결론은 우리가 개발하고 있는 지능의 종류가 우리 인간의 지능과 매우 다르다는 것이다. 우리는 생물학적 시스템이고, 이들은 디지털 시스템이다. 가장 큰 차이점은, 디지털 시스템은 동일한 가중치 집합, 동일한 세계 모델의 사본이 많다는 것이다. 그리고 이 모든 사본들은 개별적으로 학습할 수 있지만 지식을 즉시 공유할 수 있다. 이는 마치 1만 명이 있고, 한 사람이 무언가를 배울 때마다 모두가 자동으로 알게 되는 것과 같다. 이것이 챗봇이 한 사람보다 훨씬 더 많은 것을 알 수 있는 이유이다."[8]

또한 2023년, 제프리 힌튼은 범용 AI 개발이 20~50년 걸릴 것이라는 예측에서 20년 또는 그 이하로 단축될 수 있다고 밝혔다. **요슈아 벤지오**Yoshua Bengio도 인간 수준의 인공지능 개발이 이전에는 수십 년에서 수세기가 걸릴 것으로 예상했으나, 이제는 90퍼센트의 신뢰도로 5~20년 내에 가능할 것으로 전망하고 있다.

"사람 간의 음성언어는 초당 39비트를 전송할 수 있다. 컴퓨터 간의 훨씬 빠른 통신은 일종의 병렬처리가 가능하여 AI 시스템은 더 빠르게 더 많은 데이터로부터 학습할 수 있다. … 우리는 아직 AI 에이전트를 제어 가능하게 만들고, 인류의 안전을 보장하는 방법을 모른다! 그런데도 우리는(지금까지 나를 포함하여) 그러한 시스템을 구축하기 위해 달려가고 있다."[9]

인공지능의 위험을 지속적으로 경고해 온 저명한 컴퓨터과학자 **스튜어트 러셀**Stuart J. Russell은 몇 십 년 후 통제 불가능한 초지능 AI가 출현할 가능성을 배제할 수 없으므로 이에 대비해야 한다고 주장한다. 그는 저서 《어떻게 인간과 공존하는 인공지능을 만들 것인가》[10]에서 인공지능의 발전과 그로 인한 통제 문제를 심도 있게 다룬다.

러셀은 인공지능의 잠재적 위험성을 경고하면서, 인공지능 시스템을 인간의 가치와 목표, 선호도에 부합하도록 설계해야 한다고 강조한다. 그는 이러한 가치 정렬 문제value alignment problem를 해결하는 것이 중요하다고 주장한다. 수학적·논리적 방법을 사용하여 인공지능의 행동이 항상 인간의 목표와 가치에 부합하고, 예측 가능한 방식으로 안전하게 작동하도록 보장하는 '증명 가능하게 이로운 인공지능provably beneficial AI'을 개발한다면, 인간과 인공지능은 평화롭게 공존할 수 있다고 말한다.

2023년, 구글 CEO **순다르 피차이**는 경제 분야에서 인공지능에 대한 규제를 신속히 도입하고, 남용을 처벌하는 법률을 제정하고, 세계에 안전한 인공지능을 만들기 위한 국가 간 조약을 체결해야 한다고 말했다.

"하지만 향후 10년을 내다본다면, 나는 너무나 분명하다고 생각한다. 우리는 놀라운 일을 할 수 있는 매우 유능한 인공지능을 어떤 형태로든 갖게 될 것이다. 그리고 우리 사회는 그것을 받아들일 필요가 있다. ⋯ 이건 심오한 질문이다. 우리는 이것을 '정렬'이라고 부른다. 우리가 생각하는 한 가지 방법은 다음과 같다. 도덕성을 포함하여 인간의 가치에 부합하는 AI 시스템을 어떻게 개발할 수 있을까? 이것이 내가 AI 시스템 개발에 엔지니어뿐만 아니라 사회과학자, 윤리학자, 철학자 등이 포함되어야 한다고 생각하는 이유이다. 우리는 매우 신중해야 한다고 생각한다. 그리고 앞으로 나아가면서, 이러한 문제들은 사회 전체가 해결해야 할 과제라고 본다. 이는 한 회사가 결정할 일이 아니다."[11]

물론 이들의 주장에 모든 인공지능 연구자가 동의하는 것은

아니다. 메타Meta의 부사장 겸 수석 AI 과학자인 **얀 르쿤**은 인공
지능이 인간의 문제 해결 능력을 증강augmentation하는 도구로 활
용될 수 있으며, 인간과 인공지능의 협력을 통해 더 나은 사회를
만들 수 있다고 믿는다. 인공지능 발전의 이점이 잠재적인 단점
을 훨씬 능가한다는 것이다.

  "일단 우리가 아주 똑똑하고 강력한 시스템을 얻게 되면, 그
  시스템은 과학, 의학, 비즈니스에 도움을 줄 것이고 동시통역을
  통해 문화적 장벽을 없애는 데에도 기여할 것이다. 많은 이점이
  있다고 할 수 있다. 그래서 위험-이익 분석을 해야 한다. 나쁜
  사람들이 기술을 손에 넣지 못하도록 기술을 비밀로 유지하는
  것이 생산적인지, 아니면 반대로 가능한 한 널리 공개하고 기술
  의 발전을 최대한 빠르게 하여 나쁜 사람들이 항상 뒤처지도록
  하는 전략이 더 나은지에 대한 분석이 필요하다. 나는 후자에 훨
  씬 동의한다. 해야 할 일은 사회 전반에서 선한 사람들이 기술을
  발전시키며 앞서 나가도록 하는 것이다. 그러면 선한 AI가 나쁜
  AI에 대항할 수 있게 된다."[12]

• 원문은 다음과 같다. "...So maybe once we get a powerful system that is

이러한 논의들은 인공지능의 미래 방향성에 대한 다양한 관점을 드러낸다. 그러나 지속적인 연구와 심도 있는 논의를 통해 윤리적이고 안전한 인공지능 사용 방안을 모색하는 것이 중요하다는 데에는 이견이 없다.

인간중심 인공지능, 리터러시, 인문학

단기적으로 보았을 때, 인공지능 기술은 더욱 고도화되며, 일상생활에 깊이 통합되어 다양한 분야에서 활용될 것이다. 이 기술 발전은 우리의 일상과 업무를 효율적으로 만들어 줄 수 있다. 인공지능을 인간의 지능을 증강하는 도구로 활용하면, 더 효율적

super-smart, they're going to help science, they're going to help medicine, they're going to help business, they're going to erase cultural barriers by allowing simultaneous translation. So there's a lot of benefits. So there's a risk-benefit analysis, which is: is it productive to try to keep the technology under wraps, in the hope that the bad guys won't get their hands on it? Or is the strategy to, on the contrary, open it up as widely as possible, so that progress is as fast as possible, so that the bad guys always trail behind? And I'm very much of the second category of thinking. What needs to be done is for society in general, the good guys, to stay ahead by progressing. And then it's my good AI against your bad AI."

이고 혁신적인 방법으로 다양한 과제를 해결할 수 있다. 따라서 인공지능과 인간이 협력하여 더 나은 미래를 만들어야 한다.

또한, 기술은 사회적 요구에 부합하고 공공의 이익을 증진시키는 방향으로 발전해야 한다. 인간중심 기술은 기술 자체의 발전을 넘어 그 기술이 인간과 사회에 미치는 영향을 중시한다. 이는 기술 개발 과정에서 인간의 필요와 가치를 최우선으로 고려하고, 포용적이고 지속 가능한 방향으로 나아가는 것을 의미한다. 이러한 접근 방식은 기술이 인간다운 삶을 지원하고, 긍정적인 사회 변화를 이끌어 내도록 한다.

이러한 관점에서 인공지능과 인간의 **상생**은 매우 중요하다. 인공지능이 사람을 대체하는 것이 아니라 사람을 도와주고 협업하는 구조로 나아가야 한다. 이를 통해 인간과 기술이 조화를 이루며 서로의 장점을 극대화할 수 있다. 인공지능의 기술적 완성도가 아직 부족한 이유도 있지만, 인공지능이 인간과 공존해야만 사회 및 구성원에게 원활히 수용될 수 있기 때문이다.

상생의 사례로, 인도의 인공지능 기업 컨빈Convin이 개발한 인공지능 기반 대화 인텔리전스 플랫폼의 실시간 에이전트 어시스트Agent Assist 기능을 들 수 있다. 컨빈의 에이전트 어시스트는 상담사가 고객과의 대화 중에 실시간으로 도움을 받을 수 있도록

그림 6-1 인공지능이 도와주는 상담 업무

설계되었다. 이 시스템은 상담사에게 실시간으로 추천 답변을 제공하고, 대화 흐름을 안내하며, 필요한 정보를 즉시 제공함으로써 상담사의 업무 효율성을 크게 향상시킨다. 이러한 기능들은 상담사가 복잡한 문제를 해결하고, 고객과의 상호작용에서 높은 품질의 서비스를 제공할 수 있도록 도와준다. 2024년 5월 기준으로 컨빈의 에이전트 어시스트는 매출을 21퍼센트 증가시키고, 고객만족도를 27퍼센트 상승시켰으며, 평균 상담 처리 시간을 56초 단축시키는 등의 성과를 가져왔다.[13]

인공지능이 인간의 삶을 향상시키기 위해서는 기술의 발전과 더불어 안전 조치의 마련도 필수적이다. 인공지능은 제어 가능하도록 설계되어야 하며, 예측 불가능한 행동을 방지할 안전 메커니즘이 있어야 한다. **가치 정렬**은 인공지능이 인간의 가치와 일치하는 방식으로 작동하도록 보장하는 윤리적 안전 조치다. 인공지능이 가치 정렬을 바탕으로 인간의 목표, 선호, 윤리 원칙에 부합하는 결정을 내리도록 기술 개발 초기 단계부터 이를 철저히 고려해야 한다. 인공지능이 인간의 가치와 일치하는 결과를 도출하기 위해서는 다양한 사회적·문화적 맥락을 반영한 데이터와 알고리즘이 필요하다.

2022년 딥마인드DeepMind의 연구[14]는 이러한 가치 정렬 문제에 중요한 가능성을 제시했다. 딥마인드는 인공지능이 인간의 가치에 부합하는 결정을 내릴 수 있는 가능성을 탐구했다. 이 연구는 '민주적 AIDemocratic AI'라는 인간중심의 연구 파이프라인을 개발하여, 대규모 온라인 투자 게임에서 참가자들이 선호하는 재분배 메커니즘을 설계했다. 인공지능은 참가자들이 선호하는 메커니즘을 발견하고, 초기 재산 불균형을 교정하며, 무임승차자를 제재하는 방식을 채택했다. 이 메커니즘은 참가자들의 다수결 투표에서 승리하여, 인간의 가치에 맞춘 정책 혁신의 가능성을 입증했다. 이 연구는 인공지능이 단순한 기술적 도구를 넘어, 인간의 사회적 요구와 윤리적 기준을 충족시키는 방향으로 발전할 수 있음을 시사한다. 민주적 AI는 인간의 선호를 반영한 정책 설계의 혁신적인 접근법을 제시하며, 미래의 인공지능 연구에서 중요한 이정표가 될 수 있다.

리터러시와 **인문학**의 중요성도 점점 커지고 있다. 인공지능 리터러시는 인공지능 기술을 이해하고 활용할 수 있는 능력, 인공지능의 기본 개념과 작동 방식을 이해하고 이를 비판적으로 분석할 수 있는 능력을 의미한다. 현재 인공지능 기술은 아직 완성된 형태가 아니라 발전 중인 단계이며, 이에 따라 기술 자체의 문제뿐만 아니라 그 사회적 영향력에 대한 대비도 충분하지 않다. 리터러시는 기술과 정보에 대한 통찰력을 키우고 기술의 사회적 책임을 강화하는 데 필수적이다. 특히, 인공지능 리터러시는 인공지능 기술의 혜택을 최대화하고, 잠재적 위험을 최소화하는 데 기여할 것이다.

인문학은 윤리적 판단, 문화적 이해, 비판적 사고를 강화하며, 리터러시를 보완하는 중요한 역할을 한다. 예술, 문학, 역사, 철학 등 인문학적 지식은 기술이 인간 사회에 미치는 영향을 깊이 이해하고, 이를 올바르게 활용할 수 있는 지침을 제공한다. 동시에 창의성과 혁신을 촉진한다. 다양한 관점과 사고방식을 통합하여 새로운 아이디어와 해결책을 모색하는 능력은 현대

그림 6-2 인공지능과 인간의 협업

기술 사회에서 매우 중요하다. 인문학적 접근은 인공지능의 윤리적·사회적 영향을 깊이 이해하고, 인간중심의 기술 개발에 필수적인 통찰을 제공하며, 인공지능이 인간적이고 사회적으로 유익한 방향으로 나아가도록 도울 것이다.

우리는 지금 기술적 변혁의 시대에 살고 있다. 이 시대를 슬기롭게 헤쳐 나가기 위해서는 기술에 대한 이해와 더불어 인간에 대한 깊은 통찰력이 필요하다. 인공지능과 인간이 조화롭게 공존하는 미래를 만들어 가는 것, 그것이 우리 세대의 가장 중요한 과제일 것이다.

미주

프롤로그

1 Consumer Technology Association. "CES 2024 Keynotes." Accessed July 24, 2024. https://www.ces.tech/Discover/CES-2024-Keynotes.
2 Stanford University. "AI Index Report." Accessed July 24, 2024. https://aiindex.stanford.edu/report/.
3 NYU Center for Mind, Brain and Consciousness. "Do Large Language Models Need Sensory Grounding for Meaning and Understanding?" Accessed July 24, 2024. https://wp.nyu.edu/consciousness/do-large-language-models-need-sensory-grounding-for-meaning-and-understanding/.

1장_인공지능과 모빌리티의 시대

1 Gardner, Howard E. *Frames of Mind: The Theory of Multiple Intelligences.* Basic Books, 2011.
2 Turing, Alan M. *Computing Machinery and Intelligence.* Springer Netherlands, 2009.
3 McCarthy, John, Marvin L. Minsky, Nathaniel Rochester, and Claude E. Shannon. "A Proposal for the Dartmouth Summer Research Project on Artificial Intelligence, August 31, 1955." *AI Magazine* 27, no. 4 (2006): 12.
4 Russell, Stuart, and Peter Norvig. *Artificial Intelligence: A Modern Approach, Global Edition.* Pearson Education, 2021.
5 "Artificial Intelligence Act." Accessed June 19, 2024. https://artificialintelligence act.eu/.
6 Gates, Bill. "The Age of AI Has Begun." *GatesNotes.* March 21, 2023. https://www.gatesnotes.com/The-Age-of-AI-Has-Begun.
7 Venkatesan, Srini. "How Walmart Is Using AI to Make Smarter Substitutions in Online Grocery Orders." Walmart. June 24, 2021. https://corporate.walmart.com/news/2021/06/24/headline-how-walmart-is-using-ai-to-make-smarter-

substitutions-in-online-grocery-orders.

8 Bransten, Shelley. "Walmart Unveils New Generative AI-Powered Capabilities for Shoppers and Associates." *Official Microsoft Blog*. January 9, 2024. https://blogs.microsoft.com/blog/2024/01/09/walmart-unveils-new-generative-ai-powered-capabilities-for-shoppers-and-associates/.

9 Dresser, Scott. "Amazon Announces 2 New Ways It's Using Robots to Assist Employees and Deliver for Customers." *About Amazon*. October 18, 2023. https://www.aboutamazon.com/news/operations/amazon-introduces-new-robotics-solutions.

10 IEA. "Electric Car Sales, 2012-2024." *IEA*. Paris. Accessed July 1, 2024. https://www.iea.org/data-and-statistics/charts/electric-car-sales-2012-2024, CC BY 4.0.

11 "Europe's Digital Decade: Digital Targets for 2030." *EUR-Lex*. Accessed July 17, 2024. https://eur-lex.europa.eu/legal-content/EN/TXT/?uri=CELEX%3A52020DC0789.

2장_인공지능 기술 세계 탐험

1 Pelley, Scott. "Is Artificial Intelligence Advancing Too Quickly? What AI Leaders at Google Say." *CBS News*, April 16, 2023. https://www.cbsnews.com/news/google-artificial-intelligence-future-60-minutes-transcript-2023-04-16/.

2 Humby, C., and M. Palmer. "Data Is the New Oil." November 3, 2006. Accessed August 13, 2024. https://ana.blogs.com/maestros/2006/11/data_is_the_new.html.

3 Domo. "Data Never Sleeps 11.0." Accessed July 24, 2024. https://www.domo.com/learn/infographic/data-never-sleeps-11.

4 Mitchell, Tom M. *Machine Learning*. New York: McGraw-Hill, 1997.

5 Mohri, Mehryar, Afshin Rostamizadeh, and Ameet Talwalkar. *Foundations of Machine Learning*. 2nd ed. Cambridge, MA: MIT Press, 2018.

6 Vaswani, Ashish, Noam Shazeer, Niki Parmar, Jakob Uszkoreit, Llion Jones, Aidan N. Gomez, Lukasz Kaiser, and Illia Polosukhin. "Attention Is All You Need." In *Proceedings of the 31st International Conference on Neural Information Processing Systems* (NIPS 2017), 2017. https://arxiv.org/pdf/1706.03762.pdf.

7 Devlin, Jacob, Ming-Wei Chang, Kenton Lee, and Kristina N. Toutanova. "BERT: Pre-Training of Deep Bidirectional Transformers for Language Understanding."

In *Proceedings of the 2019 Conference of the North American Chapter of the Association for Computational Linguistics (NAACL-HLT 2019)*, 2018. https://arxiv.org/abs/1810.04805.

8 Radford, Alec, Karthik Narasimhan, Tim Salimans, and Ilya Sutskever. "Improving Language Understanding by Generative Pre-Training." San Francisco, CA: OpenAI, 2018.

9 LeCun, Yann, Léon Bottou, Yoshua Bengio, and Patrick Haffner. "Gradient-Based Learning Applied to Document Recognition." *Proceedings of the IEEE* 86, no. 11 (November 1998): 2278-2324. https://doi.org/10.1109/5.726791.

10 He, Kaiming, Xiangyu Zhang, Shaoqing Ren, and Jian Sun. "Deep Residual Learning for Image Recognition." In *Proceedings of the IEEE Conference on Computer Vision and Pattern Recognition*, 770-778. 2016.

11 Redmon, Joseph. "YOLO: Real-Time Object Detection." Accessed July 24, 2024. https://pjreddie.com/darknet/yolo/.

3장_디지털 트랜스포메이션과 혁신의 물결

1 Parviainen, Päivi, Maarit Tihinen, Jukka Kääriäinen, and Sanna Teppola. "Tackling the Digitalization Challenge: How to Benefit from Digitalization in Practice." International Journal of Information Systems and Project Management 5, no. 1 (January 2017): 63-77. https://doi.org/10.12821/ijispm050104.

2 Amazon. "Leadership Principles." Accessed July 24, 2024. https://www.aboutamazon.com/about-us/leadership-principles.

3 Amazon. "Annual Reports, Proxies and Shareholder Letters." Accessed July 24, 2024. https://ir.aboutamazon.com/annual-reports-proxies-and-shareholder-letters/default.aspx.

4 Netflix. "About Netflix." Accessed July 24, 2024. https://about.netflix.com/ko.

5 Starbucks. "About Us." Accessed July 24, 2024. https://www.starbucks.com/about-us/.

6 Barsky, Noah. "AI-Ready Starbucks Is the Digital Transformation Gold Standard." *Forbes*. March 18, 2024. Accessed August 13, 2024. https://www.forbes.com/sites/noahbarsky/2024/03/18/ai-ready-starbucks-is-the-digital-transformation-gold-standard/.

7 Starbucks. "Investor Relations." Accessed July 24, 2024. https://investor.

starbucks.com/.

[8] JPMorgan Chase. "Business Principles." Accessed August 13, 2024. https://www.jpmorganchase.com/about/business-principles.

[9] JPMorgan Chase. "JPM Investor Day 2023 Final Full Transcript." Accessed July 24, 2024. https://www.jpmorganchase.com/content/dam/jpmc/jpmorgan-chase-and-co/investor-relations/documents/events/2023/jpmc-investor-day-2023/JPM-Investor-Day-2023-Final-Full-Transcript.pdf.

[10] JPMorgan Chase. "Evident AI Index 2023." Accessed July 24, 2024. https://www.jpmorgan.com/technology/news/evident-ai-index-2023.

[11] Nike. "About Nike." Accessed August 13, 2024. https://about.nike.com/en.

[12] Nike. "Nike Announces Senior Leadership Changes to Unlock Future Growth Through the Consumer Direct Acceleration." Accessed July 24, 2024. https://investors.nike.com/investors/news-events-and-reports/investor-news/investor-news-details/2020/Nike-Announces-Senior-Leadership-Changes-to-Unlock-Future-Growth-Through-the-Consumer-Direct-Acceleration/default.aspx.

[13] The Stack. "Nike Digital Revenue Soars." Accessed July 24, 2024. https://www.thestack.technology/nike-digital-revenue-soars/.

[14] Thomas, Lauren. "Nike Acquires AI Platform Celect, Hoping to Predict Shopping Behavior." *CNBC*, August 6, 2019. https://www.cnbc.com/2019/08/06/nike-acquires-ai-platform-celect-hoping-to-predict-shopping-behavior.html.

[15] Microsoft. "About Microsoft." Accessed August 13, 2024. https://www.microsoft.com/en-us/about.

[16] Uber. "About Uber." Accessed July 24, 2024. https://www.uber.com/us/en/about/.

[17] Tesla. "About Tesla." Accessed August 13, 2024. https://www.tesla.com/about.

[18] BMW Group. "Company." Accessed August 13, 2024. https://www.bmwgroup.com/content/grpw/websites/bmwgroup_com/en/company.html.

[19] BMW. "Predictive Maintenance: When a Machine Knows in Advance That Repairs Are Needed." Accessed July 24, 2024. https://www.press.bmwgroup.com/global/article/detail/T0338859EN/predictive-maintenance-when-a-machine-knows-in-advance-that-repairs-are-needed?language=en.

4장_융합의 시대: 인공지능과 모빌리티의 만남

[1] Minsky, Marvin Lee. *The Emotion Machine: Commonsense Thinking, Artificial*

Intelligence, and the Future of the Human Mind. New York: Simon & Schuster, 2006.

2 McKinsey Center for Future Mobility. "What Technology Trends Are Shaping the Mobility Sector." Accessed July 24, 2024. https://www.mckinsey.com/features/ mckinsey-center-for-future-mobility/our-insights/what-technology-trends-are- shaping-the-mobility-sector.

3 SAE International. "Taxonomy and Definitions for Terms Related to Driving Automation Systems for On-Road Motor Vehicles." April 2021. https://www.sae. org/standards/content/j3016_202104/.

4 McKinsey & Company. "Autonomous Driving's Future: Convenient and Connected." Accessed July 24, 2024. https://www.mckinsey.com/industries/ automotive-and-assembly/our-insights/autonomous-drivings-future-convenient- and-connected.

5 Waymo. "Waymo Driver." Accessed July 24, 2024. https://waymo.com/waymo- driver/.

6 Badue, Claudine, et al. "Self-driving Cars: A Survey." *Expert Systems with Applications* 165 (2021): 113816. https://doi.org/10.1016/j.eswa.2020.113816.

7 Wojke, Nicolai, Alex Bewley, and Dietrich Paulus. "Simple Online and Realtime Tracking with a Deep Association Metric." University of Koblenz-Landau and Queensland University of Technology, March 21, 2017. https://arxiv.org/ abs/1703.07402.

5장_인공지능과 모빌리티의 사회적 영향

1 Asimov, Isaac. *Robot Visions*. New York: Ace, 1991.

2 Google Research. "Imagen: Photorealistic Text-to-Image Diffusion Models." Accessed July 24, 2024. https://imagen.research.google/.

3 Goodfellow, Ian J., Jonathon Shlens, and Christian Szegedy. "Explaining and Harnessing Adversarial Examples." In *Proceedings of the International Conference on Learning Representations* (ICLR), 2015. https://arxiv.org/ abs/1412.6572.

4 케이트 크로퍼드.《AI 지도책》. 노승영 옮김. 소소의책, 2022.

5 Sudhakar, S., V. Sze, and S. Karaman. "Data Centers on Wheels: Emissions From Computing Onboard Autonomous Vehicles." *IEEE Micro* 43, no. 1 (2023): 29-

39. https://doi.org/10.1109/MM.2022.3219803.

6 Angwin, Julia, Jeff Larson, Surya Mattu, and Lauren Kirchner. "Machine Bias: There's Software Used Across the Country to Predict Future Criminals. And It's Biased Against Blacks." *ProPublica*, May 23, 2016. https://www.propublica.org/article/machine-bias-risk-assessments-in-criminal-sentencing.

7 Dastin, Jeffrey. "Insight: Amazon Scraps Secret AI Recruiting Tool That Showed Bias Against Women." *Reuters*, October 11, 2018. https://www.reuters.com/article/world/insight-amazon-scraps-secret-ai-recruiting-tool-that-showed-bias-against-women-idUSKCN1MK0AG/.

8 KOTSA. "T-MACS." Accessed July 24, 2024. https://tmacs.kotsa.or.kr/.

9 Abdel-Aty, Mohamed, and Shengxuan Ding. "A Matched Case-Control Analysis of Autonomous vs Human-Driven Vehicle Accidents." *Nature Communications* 15 (2024): Article 4931. https://doi.org/10.1038/s41467-024-48526-4.

10 Foot, Philippa. "The Problem of Abortion and the Doctrine of Double Effect." *Oxford Review* 5 (1967).

11 Stanford University. "Designing Ethical Self-Driving Cars." *Stanford HAI*, March 22, 2023. https://hai.stanford.edu/news/designing-ethical-self-driving-cars.

12 과학기술정보통신부. 〈과기정통부, 「인공지능(AI) 윤리기준」 마련〉. 과학기술정보통신부 보도자료. 2020년 12월 23일자.

13 "Artificial Intelligence Act." Accessed July 24, 2024. https://artificialintelligenceact.eu/.

에필로그_미래를 향한 여정

1 University of Cambridge. "The Best or Worst Thing to Happen to Humanity" - Stephen Hawking Launches Centre for the Future of Intelligence." Accessed July 24, 2024. https://www.cam.ac.uk/research/news/the-best-or-worst-thing-to-happen-to-humanity-stephen-hawking-launches-centre-for-the-future-of.

2 Minsky, Marvin Lee. *The Emotion Machine: Commonsense Thinking, Artificial Intelligence, and the Future of the Human Mind.*

3 McKinsey & Company. "The Future of Mobility: Mobility Evolves." Accessed July 24, 2024. https://www.mckinsey.com/industries/automotive-and-assembly/our-insights/The-future-of-mobility-mobility-evolves.

4 SK Telecom. "KoGPT2: Korean Generative Pre-trained Transformer 2." Accessed

July 28, 2024. https://sktelecom.github.io/project/kogpt2/.

5 Jo, Jason, and Yoshua Bengio. "Measuring the Tendency of CNNs to Learn Surface Statistical Regularities." arXiv, 2017. https://arxiv.org/abs/1711.11561.

6 개리 마커스, 어니스트 데이비스. 《2029 기계가 멈추는 날: AI가 인간을 초월하는 특이점은 정말 오는가》. 이영래 옮김. 비즈니스북스, 2021.

7 Hawking, Stephen. *Brief Answers to the Big Questions*. New York: Bantam, 2018, chap. 9, 184.

8 Zoe Kleinman & Chris Vallance. "AI 'godfather' Geoffrey Hinton warns of dangers as he quits Google." BBC News, May 2, 2023. https://www.bbc.com/news/world-us-canada-65452940.

9 Bengio, Yoshua. "Personal and Psychological Dimensions of AI Researchers Confronting AI Catastrophic Risks." Accessed July 28, 2024. https://yoshuabengio.org/2023/08/12/personal-and-psychological-dimensions-of-ai-researchers-confronting-ai-catastrophic-risks/.

10 러셀 스튜어트. 《어떻게 인간과 공존하는 인공지능을 만들 것인가: AI와 통제 문제》. 이한음 옮김. 서울: 김영사, 2021.

11 Pelley, Scott. "Is Artificial Intelligence Advancing Too Quickly? What AI Leaders at Google Say."

12 Perrigo, Billy. "Meta's AI Chief Yann LeCun on AGI, Open-Source, and AI Risk." *TIME*, February 13, 2024. https://time.com/6694432/yann-lecun-meta-ai-interview/.

13 CXOtoday News Desk. "Convin Unveils Revolutionary AI Solutions: Real-time Agent Assist and Manager Assist to Redefine Customer Experience in the BFSI Industry." *CXOtoday*, May 31, 2024. https://cxotoday.com/press-release/convin-unveils-revolutionary-ai-solutions-real-time-agent-assist-and-manager-assist-to-redefine-customer-experience-in-the-bfsi-industry/.

14 Koster, Raphael, Jan Balaguer, Andrea Tacchetti, Ari Weinstein, Tina Zhu, Oliver Hauser, Duncan Williams, Lucy Campbell-Gillingham, Phoebe Thacker, Matthew Botvinick, and Christopher Summerfield. "Human-Centred Mechanism Design with Democratic AI." *Nature Human Behaviour* 6 (2022): 1398-1407. https://doi.org/10.1038/s41562-022-01374-7.

참고문헌

국내 단행본

개리 마커스, 어니스트 데이비스. 《2029 기계가 멈추는 날: AI가 인간을 초월하는 특이점은 정말 오는가》. 이영래 옮김. 비즈니스북스, 2021.

러셀 스튜어트. 《어떻게 인간과 공존하는 인공지능을 만들 것인가: AI와 통제 문제》. 이한음 옮김. 김영사, 2021.

케이트 크로퍼드. 《AI 지도책》. 노승영 옮김. 소소의책, 2022.

외국 단행본

Asimov, Isaac. *Robot Visions*. New York: Ace, 1991.

Gardner, Howard E. *Frames of Mind: The Theory of Multiple Intelligences*. Basic Books, 2011.

Hawking, Stephen. *Brief Answers to the Big Questions*. New York: Bantam, 2018.

Minsky, Marvin Lee. *The Emotion Machine: Commonsense Thinking, Artificial Intelligence, and the Future of the Human Mind*. New York: Simon & Schuster, 2006.

Mitchell, Tom M. *Machine Learning*. New York: McGraw-Hill, 1997.

Mohri, Mehryar, Afshin Rostamizadeh, and Ameet Talwalkar. *Foundations of Machine Learning*. 2nd ed. Cambridge, MA: MIT Press, 2018.

Russell, Stuart, and Peter Norvig. *Artificial Intelligence: A Modern Approach*, Global Edition. Pearson Education, 2021.

Turing, Alan M. *Computing Machinery and Intelligence*. Springer Netherlands, 2009.

외국 논문

Abdel-Aty, Mohamed, and Shengxuan Ding. "A Matched Case-Control Analysis of Autonomous vs Human-Driven Vehicle Accidents." *Nature Communications* 15 (2024): Article 4931. https://doi.org/10.1038/s41467-024-48526-4.

Badue, Claudine, et al." Self-driving Cars: A Survey." *Expert Systems with Applications* 165 (2021): 113816. https://doi.org/10.1016/j.eswa.2020.113816.

Devlin, Jacob, Ming-Wei Chang, Kenton Lee, and Kristina N. Toutanova. " BERT: Pre-Training of Deep Bidirectional Transformers for Language Understanding." In *Proceedings of the 2019 Conference of the North American Chapter of the Association for Computational Linguistics* (NAACL-HLT 2019), 2018. https://arxiv.org/abs/1810.04805.

Foot, Philippa." The Problem of Abortion and the Doctrine of Double Effect." *Oxford Review* 5 (1967).

Goodfellow, Ian J., Jonathon Shlens, and Christian Szegedy." Explaining and Harnessing Adversarial Examples." In *Proceedings of the International Conference on Learning Representations* (ICLR), 2015. https://arxiv.org/abs/1412.6572.

He, Kaiming, Xiangyu Zhang, Shaoqing Ren, and Jian Sun." Deep Residual Learning for Image Recognition." In *Proceedings of the IEEE Conference on Computer Vision and Pattern Recognition*, 770-778. 2016.

Jo, Jason, and Yoshua Bengio." Measuring the Tendency of CNNs to Learn Surface Statistical Regularities." *arXiv*, 2017. https://arxiv.org/abs/1711.11561.

Koster, Raphael, Jan Balaguer, Andrea Tacchetti, Ari Weinstein, Tina Zhu, Oliver Hauser, Duncan Williams, Lucy Campbell-Gillingham, Phoebe Thacker, Matthew Botvinick, and Christopher Summerfield." Human-Centred Mechanism Design with Democratic AI." *Nature Human Behaviour* 6 (2022): 1398-1407. https://doi.org/10.1038/s41562-022-01374-7.

LeCun, Yann, Leon Bottou, Yoshua Bengio, and Patrick Haffner." Gradient-Based Learning Applied to Document Recognition." *Proceedings of the IEEE* 86, no. 11 (November 1998): 2278-2324. https://doi.org/10.1109/5.726791.

McCarthy, John, Marvin L. Minsky, Nathaniel Rochester, and Claude E. Shannon." A Proposal for the Dartmouth Summer Research Project on Artificial Intelligence, August 31, 1955." *AI Magazine* 27, no. 4 (2006): 12.

Parviainen, Paivi, Maarit Tihinen, Jukka Kaariainen, and Sanna Teppola. " Tackling the Digitalization Challenge: How to Benefit from Digitalization in Practice." *International Journal of Information Systems and Project Management* 5, no. 1 (January 2017): 63-77. https://doi.org/10.12821/ijispm050104.

Radford, Alec, Karthik Narasimhan, Tim Salimans, and Ilya Sutskever. " Improving Language Understanding by Generative Pre-Training." San Francisco, CA: OpenAI, 2018.

Sudhakar, S., V. Sze, and S. Karaman." Data Centers on Wheels: Emissions From Computing Onboard Autonomous Vehicles." *IEEE Micro* 43, no. 1 (2023): 29-39. https://doi.org/10.1109/MM.2022.3219803.

Vaswani, Ashish, Noam Shazeer, Niki Parmar, Jakob Uszkoreit, Llion Jones, Aidan N. Gomez, Lukasz Kaiser, and Illia Polosukhin." Attention Is All You Need." In *Proceedings of the 31st International Conference on Neural Information Processing Systems* (NIPS 2017), 2017. https://arxiv.org/pdf/1706.03762.pdf.

Wojke, Nicolai, Alex Bewley, and Dietrich Paulus." Simple Online and Realtime Tracking with a Deep Association Metric." University of Koblenz-Landau and Queensland University of Technology, March 21, 2017. https://arxiv.org/abs/1703.07402.

domo.com/learn/infographic/data-never-sleeps-11.

그림 2-4. ChatGPT-4o의 도움으로 데이터를 분석하였음.

그림 2-5. ChatGPT-4o의 도움으로 데이터를 분석하였음.

그림 2-8. ChatGPT-4o의 도움으로 데이터를 분석하였음.

그림 2-9. 이 이미지는 DALL · E의 도움으로 생성되었음.

그림 2-10. LeCun, Yann, Leon Bottou, Yoshua Bengio, and Patrick Haffner. "Gradient-Based Learning Applied to Document Recognition." *Proceedings of the IEEE*, November 1998. Accessed July 15, 2024. https://doi.org/10.1109/5.726791.

그림 2-11. 원본(고양이) 이미지는 DALL · E의 도움으로 생성되었음.

그림 2-12. 원본 이미지는 DALL · E의 도움으로 생성되었음.

그림 2-13. 원본 이미지는 DALL · E의 도움으로 생성되었음.

3장_디지털 트랜스포메이션과 혁신의 물결

그림 3-1. 이 이미지는 DALL · E의 도움으로 생성되었음.

그림 3-2. 이 이미지는 DALL · E의 도움으로 생성되었음.

그림 3-3. ChatGPT-4o의 도움으로 데이터분석하였음.

그림 3-4. 이 이미지는 DALL · E의 도움으로 생성되었음.

그림 3-5. Amazon. "Annual Reports, Proxies and Shareholder Letters." Accessed July 24, 2024. https://ir.aboutamazon.com/annual-reports-proxies-and-shareholder-letters/default.aspx. 데이터를 가져와서 ChatGPT-4o의 도움으로 데이터를 분석하였음.

그림 3-6. SounderBruce. "Amazon Go in Seattle, December 2016." Wikimedia Commons. Last modified December 2016. https://commons.wikimedia.org/wiki/File:Amazon_Go_in_Seattle,_December_2016.jpg. CC BY-SA 4.0.

그림 3-7. Netflix. "About Netflix." Accessed July 24, 2024. https://about.netflix.com/ko.

그림 3-8. 이 이미지는 DALL · E의 도움으로 생성되었음.

그림 3-9. 이 이미지는 DALL · E의 도움으로 생성되었음.

그림 3-10. 이 이미지는 DALL · E의 도움으로 생성되었음.

그림 3-11. 이 이미지는 DALL · E의 도움으로 생성되었음.

그림 3-12. 이 이미지는 DALL · E의 도움으로 생성되었음.

그림 3-13. 이 이미지는 DALL · E의 도움으로 생성되었음.

그림 5-10. 이 이미지는 DALL · E의 도움으로 생성되었음.

그림 5-11. McGeddon. "Trolley Problem." Vectorized by Zapyon. Wikimedia Commons. Last modified March 6, 2018. https://commons.wikimedia.org/wiki/File:Trolley_Problem.svg. CC BY-SA 4.0.

에필로그_미래를 향한 여정

그림 6-1. 이 이미지는 DALL · E의 도움으로 생성되었음.

그림 6-2. 이 이미지는 DALL · E의 도움으로 생성되있음.

모빌리티를 혁신하는 인공지능

2024년 12월 15일 초판 1쇄 발행

지은이 | 김효주
펴낸이 | 노경인 · 김주영

펴낸곳 | 도서출판 앨피
출판등록 | 2004년 11월 23일
주소 | (01545) 경기도 고양시 덕양구 향동로 218 (향동동, 현대테라타워DMC) B동 942호
전화 | 02-710-5526   팩스 | 0505-115-0525
블로그 | blog.naver.com/lpbook12
전자우편 | lpbook12@naver.com

ISBN 979-11-92647-54-8 94300